青少年课外阅读系列丛书　　本丛书编委会◎编

科学家的故事

Kewai Yuedu Xilie Congshu

青少年课外阅读系列
·畅销版·
CHANG XIAO BAN

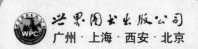

世界图书出版公司
广州·上海·西安·北京

图书在版编目（CIP）数据

科学家的故事／《青少年必读丛书》编委会编．—广州：
广东世界图书出版公司，2009.10（2021.11重印）
　（青少年必读丛书）
ISBN 978 - 7 - 5100 - 1078 - 1

Ⅰ. 科…　Ⅱ. 青…　Ⅲ. 科学家—生平事迹—世界—青少
年读物　Ⅳ. K816.1 - 49

中国版本图书馆 CIP 数据核字（2009）第 169545 号

书　　　名　科学家的故事
　　　　　　KE XUE JIA DE GU SHI
编　　　者　《青少年必读丛书》编委会
责任编辑　许逸红　张梦婕
装帧设计　三棵树设计工作组
责任技编　刘上锦　余坤泽
出版发行　世界图书出版有限公司　世界图书出版广东有限公司
地　　　址　广州市海珠区新港西路大江冲 25 号
邮　　　编　510300
电　　　话　020-84451969　84453623
网　　　址　http://www.gdst.com.cn
邮　　　箱　wpc_gdst@163.com
经　　　销　新华书店
印　　　刷　三河市人民印务有限公司
开　　　本　787mm×1092mm　1/16
印　　　张　13
字　　　数　160 千字
版　　　次　2010 年 7 月第 2 版　2021 年 11 月第 9 次印刷
国际书号　ISBN　978-7-5100-1078-1
定　　　价　38.80 元

前言

　　世界上的大科学家，都是平凡的人，他们可能就生活在我们身边。本书带领您走近科学名人，他们有的是物理学大师，有的是数学大师，有的是化学大师……让您了解他们生活中的小故事，科学道路上的小故事。

　　在人类文明发展的漫长过程中，数不清的科学巨匠们以他们超凡的智慧和无私的精神为科学的发展贡献出了宝贵的青春与生命，是他们加速了文明的进程，是他们推动了时代的发展，是他们改写了整个历史的轨迹。这些伟大的科学家崇高的品德以及艰辛的科学奋斗经历引人深思，催人奋进。阅读他们的故事能够给我们带来很多宝贵的启示，能够让人们深刻体会到科学的伟大力量，激发人们的上进心，从而走上求知求索的道路。

　　本书精心挑选出古今中外众多著名科学家的成才故事，以简明、流畅的语言展示了他们光辉的一生。他们有勤奋的头脑、不屈的精神和坚定的信念，他们所取得的成就如同历史天空的启明星，永远被人们所追求和敬仰。

他们是时代的精英，他们通过不懈的努力和奋斗，推动着社会的发展，影响着我们生活的方方面面。他们的发现、发明和创造都将人类文明推向更高的一层。

我们应当以他们为榜样，从他们的经历中汲取教益，提高自身素质，有意识地培养良好的学习、生活习惯，实现自己的人生价值，为祖国的发展和人类的进步做出应有的贡献。

目 录

Contents

Contents

Contents

鲁 班

少年朋友们都知道"班门弄斧"这个成语吧，其中的"班"指的就是鲁班。在人们心目中，鲁班是工匠的祖师爷，是劳动人民智慧的象征。鲁班，本姓公输，名班，是春秋时代鲁国人，所以人们又管他叫鲁班。相传他不仅善于建造房屋、桥梁和车辆，还有多项发明，像木工工具曲尺、墨斗、钻子和锯子，粮食加工器具石磨，还有许多机械器具、兵器等。

这天，鲁班一个人去山上找能建大宫殿的木材。山路陡峭，杂草丛生，他弯着腰，用手拨开杂草，艰难地往山上攀登。突然间，他觉得手指一阵钻心地疼痛，原来手指被草叶划破了一个口子，鲜血直往外流。什么草，竟然这么锋利！鲁班俯下身子在草丛里寻找，发现有1种草的叶子很特别，他忘记了疼痛，拿起草叶来研究。原来，这种草叶的边缘都是尖齿状，尖齿排列细密而整齐。他盯着草叶的边缘，想起小时候捉到蝗虫，看它吃草，蝗虫的两颗大板牙一开一合，很快咬断草叶。细看蝗虫的牙齿边缘也有许多小细齿。鲁班蹲在毫无树阴遮蔽的山路上，手持草叶，呆呆地看着，头顶上的烈日炙烤着山石，面颊上的汗珠缓缓滑落，他却浑然不觉。

鲁班想到，细齿状的东西在切割上一定占有优势。他拿草叶猛然往手上一划，又是一道口子，鲁班好像没觉得疼，若有所得似的站起身,向山下跑去。回去后,他找到几片大毛竹,做成许多片带有细齿的小竹片,拿到小树上试验,来回拉动了几下竹片,树皮就破了。他高兴地对徒弟们喊:"有办法了,不用愁了。"徒弟们看着师傅,不知发生了什么事。

鲁班告诉徒弟们用这种细齿状的东西伐树,不但快,而且省力。徒弟们恍然大悟,急忙去找铁匠帮忙,打造了许多边缘带细齿的铁条。果然,用这种铁条伐树,没有几天,木料就准备齐了。这铁条,就是我们现在所用的锯,是鲁班一双善于发现的眼睛从草叶上捕捉到灵感,找到了发明创造的契机。

鲁班运用自己的智慧解决了不少人们日常生活中的难题。在他生活的那个时代,人们如果想吃米粉、面粉就要用臼和杵来捣(臼,是一个大石盆;杵,是一根粗木棍)。把米麦的颗粒放进石盆里,用木棍捣,一次只能捣一点点儿。而且如果用力不够,就捣不碎;用力过猛,颗粒又蹦出石盆,撒在地上。

就这样费尽九牛二虎之力捣出来的面粉还有粗有细,很不均匀。这个难题总在鲁班脑海中闪现。他想,把米麦捣碎,不就是靠杵和臼接触时碾过的力量吗? 如果用两块大一些的石片来碾,不是碾得更多吗? 他试着把颗粒放进两片粗糙的石片中来回碾,果然效果很好。

后来,他又把两片圆石的接触面凿出粗糙的凸凹纹,又在圆石中心装上轴,以便转动。这样,磨起面来又省时,又省力。这就是我国农村使用了 2000 多年的石磨,至今,还有人在使用着。鲁班善于在生活中寻找、发现、思考,他发明的工具解决了劳动人民生产生活中的许多难题。

蔡 伦

据记载，大约在3500多年前的殷朝时期，便开始有了文字，但当时还没有纸。那时，我们的祖先是把文字刻在龟壳或野兽的骨头上的，这就是今天所说的"甲骨文"。甲骨文在当时并不普及，只有皇帝或贵族们为了记载重大事件，或作为占卦的卜辞才用。

后来，文化越来越发展，文字的使用范围扩大了，而要记载的事情也多了。比如，向皇帝奏本、皇帝下达命令、平时人们要互相通信以及著书立说等等，都需要大量的记事材料，甲骨文不能满足需要。为了适应社会发展，人们改用了来源广泛的竹片、木片记事，这就是"竹简"、"木简"。

秦始皇在建立秦王朝的时候，一切军机、内政大事都要亲自过问。据说，他每天要批阅的竹简公文，就有120斤。西汉的东方朔给汉武帝写了一封信，就用了3000根竹简，这封信得两个人才能抬起来。汉武帝阅读这封信，足足用了2个多月的时间。因此，使用竹简实在是不方便。周朝，有人开始用丝织的绢来代替竹简和木简。

公元220年，据说秦朝大将蒙恬发明了毛笔，同时有人发明了墨。用毛笔在绢上写字就方便多了。文字的记载，从乌龟壳、野兽骨，发展到竹简、木简，又改进到绢，变化和发展实在不小。

到了商朝的时候，人们已经掌握了种桑养蚕的技术，并能缫丝织绢。劳动人民用好的茧子抽丝织绢做衣服，比较差的茧子做丝绵。做丝绵的茧子要经过漂絮。方法是把次的茧用水煮沸，再放进河里面漂冲，等到茧子都散开，就会成为一片完整的丝绵。但每次漂冲取出丝絮之后，总留下一层丝絮在篾席上。把残留的丝絮晒干，可以在上面写字。人们把它叫"方絮"，但是，它太昂贵了。

在2000多年前的西汉时期，就有人用植物纤维造纸了，但是这种纸看起来很粗糙。东汉时期，即公元105年，一个叫蔡伦的太监发明了真正的纸。年少的蔡伦是汉和帝的太监，官职为尚方令，专门负责皇宫里面使用的器物。蔡伦很有才能，并且能够深入群众，向群众学习。他是个有心人，经常到田野和河边走访，观察河边妇女洗蚕丝和抽丝漂絮的过程。他发现好的蚕丝拿走后，会在席上形成薄薄的一层残留物，有人把它晒干，用来糊窗户，包东西，也可以用来写字。他还到造纸的作坊向造丝絮纸的工匠们请教，逐渐深入地了解和掌握了造纸的基本方法。

蔡伦深知，因为经济发展的需要，对纸提出了更高的要求，只有开辟更广泛的造纸的材料来源，改进造纸的技术和方法，才能造出既经济又实用的纸张，提高纸的实用性。当时，蔡伦注意到，劳动人民的衣服大都是用麻料制成，他们在沤麻的过程中，也像洗絮一样，最后也会在篾席上残留下一层薄膜。蔡伦想，如果麻纤维也能造纸，造纸的材料来源问题不就解决了吗？于是，蔡伦和很多能工巧匠一起，经过试验，研制了一个造纸的工作程序：一分离；二捶捣；三交织；四干燥。就是按着这一生产程序，他们首先搜集材料（树皮、麻皮、破布、废渔网等），再把它们捣碎捣烂，做成纸浆，然后使用"漂絮"的方法，用席子捞取纸浆，捞出的纸浆在席子上形成薄薄的一层,晒干后,就成了纸。

在造纸的过程中,他们不断总结和改进,使生产技术不断提高,生产程序也日渐完善和成熟。有了丰富的材料来源和比较容易掌握的生产方法,造纸业得到了极大的发展。在公元105年,蔡伦奏本呈报皇帝,得到了皇帝的认可。从此蔡伦制造的新纸由贵重的皇家用品进入了人们的日常生活,得到了广泛的推广和应用。

蔡伦发明的造纸术,是实用和成功的,后来造纸术被列入了我国古代的四大发明之一。

扁　鹊

　　扁鹊本名叫秦越人，是战国时期齐国渤海郡郑州人，也就是现在河北任丘县人。他自幼家境贫寒，父母早逝。他小小年纪，为了生活，不得不到市镇上的一家小客店当伙计。

　　秦越人手脚勤快，待人热情，又善解人意，旅客们有什么难事，他都主动热情地帮助，因此很受旅客们的欢迎。

　　一天，一位住店的老大爷发烧，烧得很厉害。有人从镇上请来了自称是神医的巫医。只见那巫医紧闭双眼，双手合拢，嘴中念念有词。一会儿又用双手故作姿态，东抓一把，西抓一把，煞有介事地比划一番后，掏出一个纸包说是神药，吃下去会药到病除。然后，他收了银子，就跑了。

　　人们正要把药喂给老人吃时，秦越人急忙上前拦住说："这药可不能吃，我亲眼所见，好几个病人吃了这药都死了！不信，你们打开看看！"

　　话音刚落，有人把那巫医给的药打开一看，大叫一声："全是木屑拌黄土烧成的灰，这怎么能治病呢？"

　　有的客人问秦越人："这附近还有其他的医生吗？"

　　小伙计秦越人说："要是长桑君在就好了，他的医术是很高明的，吃他的药准好！"

　　大家正说着呢，忽听到："秦越人，店里还有铺位吗？"

秦越人刚回头一看,高兴地说:"啊呀,刚说到先生,先生就来了。这里有一位老爷爷发烧,病得很厉害,请您赶快给他看看吧!"

长桑君放下包裹,马上为老人诊病。他先是把脉,又看了看老人的舌头,询问病情后开了几味药,说:"马上给老人喝下去。喝了药以后,给他盖上被子,发发汗,很快就会好的。"

第二天,那老爷爷的病果然好多了,不但退了烧,还起来喝了粥。到了第三天,老爷爷已经可以到集市上去办货了。大家都说:"长桑君的医术真高明啊!"

秦越人说:"以后我们大家可要信任医生呀!千万不要再请巫医了!"

有人说:"先生可不能走啊,你走了以后,那巫医就会又来骗人了!"

长桑先生说:"我们医生必须四面八方去行医治病,不能老呆在一个地方。尽力而为吧!只怪行医的人太少啦!"

这时,秦越人说:"先生,让我跟您学医吧!"

长桑先生问:"你真有这个决心吗?做医生可是非常艰苦的事!"

秦越人说:"先生,我不怕苦!"

长桑先生答应了:"那好,你真有这个决心,我就收下你这个徒弟,有志者事竟成嘛!"

从这以后,秦越人就跟着长桑君。长桑君到哪里,秦越人就跟到哪里。他白天细心观察老师怎样为人诊病,还要东奔西跑,四处送药;晚上再把白天看到的病情和治疗方法记下来,十分辛苦。

就这样,没用多久,秦越人已经可以自己独立行医看病了。他医德高尚，对待病人，就像对待自己家里的亲人一样。特别是遇到危重病人，他就日夜守护，寸步不离，宁可自己不吃不喝，也要医好病人。正因为他视病人如父母，所以，一传十，十传百，一来二去的，老百姓都知道秦越人了。慢慢地，他的名气越来越大，深受百姓的信赖。

随着时间的推移，长桑君的年纪越来越大。他看到秦越人已成为一名深受爱戴的良医，感到无比欣慰。他因为无儿无女，便把一生积累下来的药方全交给了秦越人，然后就悄然地离开了。

秦越人身受师傅的重托，心怀对老师的思念，夜以继日地研究老师留下的药方，又把他亲眼目睹的病历结合起来，用心体味、总结，医术不断提高。加之他视病人如父母，因此人人都敬仰他这位医生，凡经他看的病，总能药到病除。传说在黄帝时期，有一个神医名叫"扁鹊"，于是大家便把秦越人也称之为"神医扁鹊"，认为秦越人就是扁鹊的化身。于是，有关神医扁鹊的佳话和故事便在百姓中间传诵。

有一个起死回生的故事，说的是扁鹊行医的奇闻。当时，扁鹊已经有了很多弟子。一次，他带着弟子来到了虢国，赶上虢国正在为猝然死去的太子大办丧事。

扁鹊来到王宫门口，听见太子的几个侍从官员在私下议论，太子平日身体很好，怎么会突然不省人事、撒手而去呢？扁鹊急忙上前，详细询问太子发病的经过和尸体的情况。之后，他凝神片刻，便大步流星地向王宫走去。他请求侍卫："请快去通报大王，我是扁鹊，我也许能救活太子！"

侍卫们半信半疑地将扁鹊迎进宫去。虢国国君正沉浸在失去儿子的悲痛之中，听说扁鹊能救活儿子，便赶紧起身迎接神医。扁鹊仔细检查了太子的"尸体"。他侧耳听听太子的鼻息，果然发现还有若断若续的气息，鼻翼也在微微地翕动；用手摸摸太子周身的体温，发现大腿根和腋下还有热气；再搭一下太子的脉搏，感觉还隐隐地有微弱的脉象。根据这些情况，扁鹊断定太子并没有死，只是得了"尸厥症"（也就是休克），只要抓紧救治，还是能有希望救活的。

于是，他吩咐徒弟递过银针，开始在太子的头顶、胸部、手脚等部位的穴位上扎针，又用艾灸在太子腋下进行灸烤，与此同时，他灌下煎好的汤药。过了半个时辰，太子竟慢慢地苏醒过来。之后，一连服用20多天汤药，虢国太子竟然完全康复了。

面对如此高超的医术，人们简直不敢相信，都吃惊得不得了。从此，扁鹊"起死回生"的故事广为流传。

我们祖国古老的医学被世代相传。直到今天，人们依然怀念着能"起死回生"的神医扁鹊，尊敬地称他为医学祖师。

郦道元

1500多年前,在现在河北涿县郦家村的一个官宦人家里,一个小男孩儿出生了,父母给他起名叫郦道元。

郦家村是一个风景秀丽,临山环水的地方。村前有一条蜿蜒曲折的小河。这条河水不深,水流清澈见底,引得村里的小孩子们经常在水边玩耍嬉戏。小郦道元也不例外,他常和小伙伴们下河摸鱼,游泳嬉闹。

孩子们尤其喜欢打捞水中的卵石。他们经常嚷嚷着比试,看谁摸的卵石好看。这个说:"你们看哪,我这块红宝石真漂亮啊!"那个嚷:"哎,我摸到了一块彩纹卵石!"比来比去,谁也不服气,都想亲自摸到一块最好看的卵石。因此孩子们一天到晚泡在水里。小郦道元常常弄得浑身湿淋淋的才肯回家,一进门,母亲便会责备他:"看你都成了水孩子啦!"

这年,小郦道元的家乡天气特别热,又赶上百年不遇的大旱,土地都干得冒了烟。村里的人聚集在龙王庙,又是敲锣,又是打鼓,又是跪拜,又是作揖地求雨消灾。小郦道元问母亲:

"妈妈,河里的水都到哪里去了呢?"

母亲说:"被河神吸到肚子里去了!"

小郦道元奇怪地问:"那河神的肚子怎么那么大呢?"

母亲又说:"河神这边喝了,又吐到那边去了!因此经常是这边干旱,那边水涝!老百姓没有好日子过。"

小郦道元气愤地说:"河神真坏!"

几年后,父亲被派到山东去做官。小郦道元和母亲一同随父亲前去上任。在路上经过一条大河,小郦道元从来没有看见过这样大、这样宽的河。他坐在船头,观赏着两岸的景色,高兴极了。突然,他看见有老百姓敲锣打鼓,抬着酒、肉,往河里扔。见此情景,小郦道元急忙问:

"爸爸,他们为什么要把肉和酒扔到河里呢?"

父亲说:"他们是在祭河神!因为这条河常常发水,他们把肉和酒扔到河里,求河神保佑,不要发水灾!"

小郦道元说:"又是河神,他能保护老百姓平安无事吗?"

父亲说:"哪能呢!我给你讲个故事吧!战国时期,邺县的老百姓为了祈福消灾,讨河神欢心,每年要把一个漂亮女子丢进河里。还给这个仪式取了个名字,叫'河伯娶亲'!后来西门豹在邺县当了县令。经过调查,他得知,这个仪式只不过是地方官和巫婆一起搞的鬼把戏。在又一名姑娘即将葬身河底时,西门豹故意找茬说:'河神嫌这个姑娘不够漂亮,请巫婆到河神那里去求个情吧。'接着命人把巫婆丢到了河里。西门豹揭穿了'河伯娶亲'的骗局后,带领老百姓挖河开渠,疏通河道,兴修水利,消除了水灾,庄稼获得丰收……"

小郦道元听了父亲的一番话后说:"父亲,西门豹真是了不起啊!"

小郦道元对西门豹心生敬意的同时也在心中留下了一个解不开的问题:"河神是不存在的,但河水为什么有时干涸,有时又泛滥成灾呢?"

就是这样一个问题埋藏在他的心底,使他慢慢关心起了水的问题。他从一个玩水的孩子，逐步成为一个注意水、琢磨水、关心水、研究水的有心人。他暗下决心，长大后，要治理河水，一定要让它听话，让它为老百姓造福。

随着年龄的增长，郦道元开始搜集资料。他阅读了许多有关水道记载的书籍。比如《水经》《山海经》……这些书大大丰富了郦道元的知识。

郦道元很早就开始做事了。还很年轻的郦道元就当上了首都平城太尉掾，分管国防事务。他利用出巡的机会，考察各地的山川河水，并对河道水源流、治水工程及沿岸气候、土壤、物产等情况做了详细的记载。

公元493年，郦道元陪魏文帝巡视黄河中游地区。他亲眼看到了三门峡两岸陡壁峭立，直流而下的河水被江心岛分成3股急流，喧腾呼啸、汹涌奔流。郦道元不顾旅途疲劳，夜深人静时，把自己在这里的所见所闻和感受都详尽地记载下来。

郦道元做事认真，兢兢业业，不管什么事，都能出色完成，因此受到魏文帝的赏识。他接连升职，曾任职于很多地方。他几乎走遍了北魏统治范围内的各个地方。黄河南北、阴山脚下、大青山麓、渭河两岸、秦川平原……到处都留有他的足迹。这大大开阔了他的视野，也更增加了他对山河的了解。

经过几十年的实地考察，他发现，由于时间的推移，大自然的洗礼，河道也发生了变化，历代关于水道记载的书籍都显得不够丰富和详实，很不完善。郦道元决定以三国时编著的《水经》为基础，对古今河道和地理状况做更详细的、更确切的记载和描述。

下定决心后，郦道元潜心写作。他夜以继日不停地写呀，写呀，整整花了7年的时间，完成了我国古代一部内容无比丰富的地理巨著《水经注》。这部著作共40卷，大约有30万字，注文非常详尽，是原《水经》的 20 倍，详细地记载了河道 1252 条，所涉及的地区十分广泛。

这部《水经注》以水为纲，把万里神州山河地貌、水利农田、风物人情等等都写得详细而完善。关于古代地下水的记载更是细致入微，为后人对水的研究提供了重要的线索。直到现在，这部著作仍然具有非常珍贵的参考价值。

郦道元一生清廉。他曾任监察中尉，由于秉公办事，不顾一切地惩治贪官污吏，受到一些权贵们的憎恶。公元 527 年，郦道元遭奸臣的陷害，含冤而死，但他的浩然正气，却流传千古。他和他的《水经注》在我国历史的长卷中将永远放射出耀眼的光芒。

张　衡

张衡是我国汉代著名的文学家、科学家，也是世界著名科学家。他的名字已经和他的浑天仪、地动仪一起载入了世界科技史册。

公元78年，张衡出生在南阳郡西部邻县的一个小村庄里。他家祖祖辈辈都是农民，日子还算过得去。

张衡从小就喜欢向大人提出各种各样的问题，刚懂事起，就喜欢数天上的星星。每到晚上，他都要牵着祖母的手，到院子里数星星。他用手指着天上一闪一闪的星星大声数着：

"一、二、三、四、五……今天的星星咋比昨天多呀？"

祖母说："傻孩子，星星能数得清楚吗？"

他立即回答："我能数清天上的星星。"

数星星都成了张衡每天必做的功课了。因此，每当吃完晚饭，祖母就会牵着小张衡到院子里去数星星、看月亮。有一天，小张衡问："奶奶，你说，前几天月亮还像梳子呢，今天怎么就又像钩子了呢？"

祖母说："月亮像你一样，吃多了就胖了，脸就圆了；少吃了就变瘦了呗！"

小张衡听了奶奶的话禁不住哈哈大笑起来。

有一次，父亲对小张衡说："孩子，星星要一群一群地数，不仅要数，还要叫出它们的名字来。每一群有几颗星星都要记住，那才不白数啊，而且那样数星星就容易得多了。"

小张衡听父亲这样一说，就缠着父亲，说："爸爸，那你就教教我吧！"

父亲指着天上的星星说："那7颗排列得像小勺子一样的星星叫北斗七星。季节不同，北斗星会发生不一样的变化，它会翻筋斗！不信，你现在记住它的样子，等天冷了，你再来看，它准和现在不一样啦！"就这样，今天让父亲给他讲一群星；明天又让祖父给他讲一群星；后天再请母亲给他讲一群星。天长日久，小张衡已经能辨认很多星星了。

有一天，小张衡在山里迷了路。他没有着急，而是顺着北斗星指引的方向，找到了家。

在他10岁那年，祖母和父亲相继去世了。舅舅送张衡到书馆里去读书。他深知读书对他来说是多么的不容易，因此非常刻苦。不久，小张衡开始作诗了。他作的诗常常受到老师的夸奖呢。

为增长知识，小张衡博览群书。一天，他看到一本叫《鹖冠子》的书，被书中按北斗星定季节的四句话深深吸引住了。从此，他常常仰望着星空，观察北斗星的变化，日积月累，发现北斗星在围绕着一个中心转，一年转一圈。他自言自语地说：

"啊，我终于明白'北斗星移'，是怎么一回事啦！"

由于勤学好问，随着一天天地长大，张衡的天文知识也越来越丰富了。17岁那年，为了增长自己的学识，他对母亲说：

"人说见多才能识广，多走一些地方，才能多看一些东西，以增加知识。我决定离家远游。"

经母亲同意，他卖掉了一部分房产，凑齐路费，上路了。

一路上，他寻访古迹，调查各地风土人情、物产、人民生活状况，把亲眼所见和亲耳所闻与书本上的知识加以对照，提高了自己的认识和理解能力。

到了洛阳，他结识了很多的朋友，他们在一起研究数学、天文学、历法等。而后，他又借阅了一些书籍，学识大增。

有志者，事竟成。公元 115 年，张衡当上了太史令，主管天文历法。从此，他更有机会和时间研究星象了。

为了让人们更直观地了解天象，经过研读大量材料、反复进行科学试验，花费了很长的时间，张衡终于试制出世界上第一台观测天文的仪器——浑天仪。

浑天仪是一个空心的铜制圆球，表面上刻满了星星，这些星星有的亮、有的暗，方向和位置都和天上的一模一样。经过一段时间的试用，他觉得通过浑天仪虽然能直观地了解星象的情况，但是它不能转动。于是他以水力鼓风的原理、用漏水做动力，设计了新的装置，可以使浑天仪运转。它的转动速度和地球相等，一天一夜正好转动一圈。这样一来，天地、日月、星星都看得更加清楚、逼真，彻底打破了封建迷信中有关什么天神、雷公等一些传说。

有了观察天体的仪器，通过进一步的研究，张衡得出了这样一个理论：月亮本身并不能发光，它的光是对太阳光的反射；月亮的圆和缺，是月亮和太阳位置的变化引起的。

经过反复的试验，他进一步验证了这一看法的正确性，于是，便把这些结论写进《灵宪》这部书里。张衡的这一发现是非常重要的，它成为后来人们研究天体的敲门砖，打开研究星象体系大门的金钥匙。

从此，张衡在天文学和星象体系方面的聪明才智，有如喷发的火山，一发不可收拾：候风仪、指南针、记里程鼓车、会飞的木雕等等,一个接着一个的发明,有如泉涌,他于公元132年,研制成了地动仪。

地动仪用青铜制成,在它的上面铸有8条龙,每条龙的嘴里都有1个铜球,名为铜珠,哪一条龙嘴里的铜珠吐出来,就预示着哪个方向有地震。地动仪研制成以后,接连几次准确地预测了一些信息。就是相距1000多里以外的陕西发生地震,都没有能逃脱地动仪的监测。地动仪是世界上最早的观测地震的仪器。

张衡的一生,把全部精力都投入到科学研究上,为天文学、星象学做出了卓越的贡献。公元139年,这颗历史上罕见的人类智慧之星,陨落了。他过早地、永远地离开了他所热爱的事业,享年62岁。

华　佗

当一位医生治好病人的疑难病症时，别人都称他是"华佗再世"。为什么叫"华佗再世"呢？原来，华佗是我国的名医，一生中不但治好过无数疑难杂症，并且为我国传统医学做出了巨大贡献。

华佗是安徽人，出生于公元2世纪，汉末沛国谯县人。在他很小的时候，母亲就患急症病死了。华佗从此立志要当医生，为穷人治病，替他们解除痛苦。他听说"琼林寺"的长老医道高明，就不辞辛劳，跋山涉水，前去拜师。琼林寺的长老见他远道而来，诚心拜师，便收下了这个徒弟。在寺中，白天干完杂活，一有空，华佗就去看师傅为人诊病，晚上读医书直到深夜。他的勤奋，受到了师傅的夸奖。

有一次，长老突然发病昏倒，师兄们都惊慌失措，华佗却十分沉着镇静。他主动为师傅把脉，用心思考，过了片刻，他对师兄们说："不要紧，师傅的脉象平和有力，没有什么大的毛病，只是劳累所致，很快就会好的，请放心吧。"

大家听了也就踏实了。谁知大家刚刚安静下来，师傅却笑了起来："哈哈，你们这些人只有华佗及格！"原来师傅并没有真的生病，只是有意识地在考大家。回到屋子里，华佗发现刚才因为离开得急，碰倒了烛台，桌上的医书被烧了。他没声张，悄悄地又把书默写了出来。师傅得知这件事后，对华佗赞不绝口。

东汉末期，华佗已经可以给病人做手术了。但是当时没有麻醉药，做手术的时候，因剧烈疼痛，病人经常是四肢乱动。无奈，华佗只好将病人捆绑起来。可是这样还是不行，病人只要看见华佗手中的刀，就吓得大嚷大闹。看到病人痛苦的样子，华佗很是心疼。

一天，几个人抬着一个受伤的青年来求医。华佗一看，这个人的腿摔断了，因疼痛已经昏迷，于是立即给他动手术。因为伤势严重，失血过多，华佗来不及像往常一样捆绑病人，就开始了手术。开始时，华佗怕病人乱动，叫护送的人使劲按住病人的四肢，可是病人毫无挣扎的意思。手术进展得十分顺利。华佗十分纳闷："这是怎么回事呢？病人为什么没有任何的反应？"

他仔细观察，闻出了一股酒味。华佗恍然大悟：人喝了酒，到了醉的程度，就会失去知觉，当然就不知道疼痛了！华佗从中受到了很大的启示：发明一种药，手术前让病人吃下去，就可以减轻痛苦了。此后，华佗走遍山山水水，和很多精通医学的人探讨，还亲自上山采集了许多草药，配成了各种药方，煎熬后，自己先进行尝试，反复试验许多次，终于发明了中药的麻醉剂——麻沸散。此后，人们动手术再也不用为疼痛而担心了。

华佗是我国古代著名的医学家。他的外科手术、中药麻醉等技术在中国古代医学史上留下了闪光的一页。

皇甫谧

在我国悠久的医学文化中,有一部关于针灸的名著——《黄帝三部针灸甲乙经》(简称《甲乙经》)。这部书是我国第一部针灸专著。它不仅在我国医学史上占有重要地位,就是对世界医学事业也有着深远的影响。

《甲乙经》是由皇甫谧撰写的。

皇甫谧祖上是东汉的名门望族,地位显赫,有权有势。后来家道中落,到他这一代时已经十分贫苦。皇甫谧自幼父母双亡,只好过继给叔父。他虽然寄人篱下,却不会料理自己的生活,也不会下地劳动,更不爱读书,只是终日游荡,消磨时光,人们都笑话他是"傻子"。

叔叔也很贫困,靠几亩薄田过着穷困的生活。叔叔离世后,家里的经济状况更差了。看着皇甫谧年届二十,还是整天东跑西奔,喧闹嬉戏,游荡无度,婶母心里非常忧虑。

一天,皇甫谧兴冲冲地将玩耍时采摘来的野果献给婶母。婶母见了双眉紧锁,沉默了好久,才长叹一声,对皇甫谧说道:

"静儿,难道我做长辈指望于你的,就是这些野果吗?你年纪已经不小了,为何如此不长进呢?叫你努力读书,并非图你日后有什么报答,而是为了你自己能有所作为啊!"

皇甫谧听了婶母这番话,深受感动,在婶母耐心帮助和教育下,他含着热泪向婶母发誓,定要改弦易辙,发奋读书。

后来,皇甫谧不再去游玩,而是白天种田,晚上读书。但是,玩儿惯了的他,灯下读书,思想不集中,读着读着便睡着了。然而,自己对婶母的承诺、20年来自己虚度宝贵青春年华的教训,又使他精神振奋起来。他努力克服懒散的习惯,拖着疲劳的身体,苦心读书。没有钱买书,便到处借书、抄书阅读。越读书,他的视野就越开阔,兴趣也更加浓厚了。

但是,光靠自学要想取得很大的进步,毕竟是很难的。为此,皇甫谧又向父亲的至交席坦虚心讨教。席坦看他聪明勤奋,又有上进心,便悉心指点。几年以后,皇甫谧终于成为一位当地很有名的学者了。

魏甘露元年,即公元256年,病魔突然降落在皇甫谧身上,他大病一场。这场病改变了他的生活道路,促使他对医学产生了兴趣,从此专心钻研医学。

这年,天气不好,雨水很多,终日不见太阳,屋里潮湿。42岁的皇甫谧,忽然感到半边身体酸痛不已,行动不能自主。家里人赶紧请人给他医治。医生经过切脉、按摩,告诉他得的是风痹病。风痹病在当时是一种比较难治的疾病。

患风痹症对皇甫谧是一个沉重的打击。半身不遂,不仅严重地影响他的生活,而且给读书带来很大不便。但他是个有毅力的人,一方面坚持用针灸治疗,一方面开始学习针灸。他熟读诸子百家的典籍,知识渊博,又研读《内经》、《明堂孔穴针灸治要》等医书。为了证实医书上说的是否有道理,他多次在自己身上试针,有些穴位自己扎不到,就叫家里人帮忙。坚持数年后,病情有所稳定。他对治病的信心越来越强,对医学研究的兴趣越来越浓厚。

但是就在这时,他又遇到了一次更为沉重的打击。因为服用一种名叫寒石散的药,他得了一场大病。这寒石散包括5种石性药物,又称"五石散"。当时大官僚和读书人普遍认为,服了这种药,人可以像金石那样坚实不朽,以致"心性开朗,体力转强",甚至可以长寿成仙。实际上,这是一种有毒的东西,长期服用会送掉性命。皇甫谧原本是半身不遂,再加上新病折磨,一度意志消沉,准备自杀了事。最后,还是研究医学的责任感,使他打消了这个念头。

随着学识的不断增长,皇甫谧的声望也越来越大。地方官请他出来当官,并准备推荐他为孝廉,他没有接受;极有权势的司马昭,亲自请他出来当官,他也予以拒绝;司马昭的儿子司马炎称帝后,又屡次下诏请他当太子的老师,他还是不答应。他这样坚决地拒官,主要是受疾病的打击,一心要学医的缘故。

晚年的皇甫谧,以全部的精力从事医书的著作。他长期患病,主要用针灸医治,从事这方面的研究所花费的力量最多,也最有体验,自然而然地要著一部有关针灸的书,这就是《黄帝三部针灸甲乙经》(简称《甲乙经》)。

针灸术是祖国医学对世界医学的特别创造与贡献。它的起源很早,秦汉前治病以针灸为主。所以,我国古代著名医学家都擅长针灸,重要医学典籍基本上都有对针灸的介绍,只是到了皇甫谧的《甲乙经》问世,才第一次比较全面和系统地总结了我国针灸学的理论和丰富的经验,对针灸的发展,做出了新的贡献。

皇甫谧根据《素问》、《针经》、《内经》和《明堂孔穴针灸治要》等书中的有关资料,结合自己的丰富经验撰写而成的《甲乙经》,共12卷。这部著作根据针灸的需要,将有关材料按脏腑、诊断、治疗等,进行了系统的整理。书中对人体总共确定了654个穴位,对每个穴位的治疗作用、禁忌症、操作方法以及其他必备的知识，作了详细的说明。

皇甫谧在书中，又根据病理，说明哪种病应针灸，哪种病不宜针灸。比如，他指出九种热病不宜针刺，如果针刺的话，就会导致死亡等等。凡属过去对穴位确定有错误的，他也一一予以纠正。

皇甫谧的《甲乙经》，对我国针灸学起了承前启后的作用。后代的针灸学著作，都是在它的基础上发展的，唐、宋时代中央的医学机构，都以该书作为针灸科教材。因此，后世一直把这部书看作是中医针灸学之祖。公元 5 世纪，《甲乙经》传到了日本和朝鲜。后来，日本天皇仿效唐制设立医学校时，也以此书作为针灸科的教材。至今，有的国际针灸组织，还把这部著作定为确定穴位的参考书。可见它的深远影响。

张仲景

东汉和平元年,在南阳郡涅阳镇(现在河南省南阳县),仲春季节的夜晚,万籁俱寂,群星闪烁,一位中年男子正观赏着夜空中的星星。深邃无垠的天空中,星星眨着银色的眼睛,晶莹闪亮。北斗星颗颗清晰明亮,唯有其中的"天机"星被一片白云遮住,看不清楚。突听仆人叫着:"老爷,恭喜您,又添了一个公子!"

那男子再抬头朝天上望去,"天机"星已破云而出。于是,他给儿子取名为张机,字仲景。

张仲景小时候特别富有同情心。有一次,他和妈妈去外公家玩,在那两旁开满野花的小路上,他发现了一只翅膀受伤的小燕子,赶快用手把它捧起来,到了外公家,又十分小心地为它包扎伤口,给它喂食,在他的精心护理下,小燕子终于又活蹦乱跳,叽叽喳喳叫个不停了。他又把小燕子放回了大自然。

小仲景学习非常认真。他总是按时到学堂去上学,从不耽误。一天,雷鸣电闪,大雨倾盆,到了上学的时候风雨仍然不减,爸爸和妈妈都说这么大的雨,不要去了。可小仲景还是坚持戴着斗笠,顶着狂风暴雨到学堂上学,路上大风把他的斗笠不知吹向了何方,到了教室他的浑身上下都湿透了,变成了一只落汤鸡。其他同学都没有来,先生没想到这么大的雨,还有人来上课,十分感动,单独为他上了一节课。小仲景背诵课文流畅,回答问题积极,字写得工整。同学们十分佩服他，先生也非常喜欢他。

小仲景喜欢读书，特别爱读有关医学方面的书。要济世救人，就要有知识，要有能力，张仲景从小就明白这个道理。他从史书上看到扁鹊给人治病的故事，扁鹊把救死扶伤，解救他人痛苦当作自己的责任的精神，深深地印在他的脑海里。

小仲景有个好朋友，常在一起玩。一天，小伙伴得了一场大病，无钱医治，喝了巫师的神水，病情不但没有好转，而且很快就死去了。小仲景伤心极了，他心想：要是我能医好他的病该多好啊！从此，他发誓要学医，做一个能济世救人的良医。通过这件事，小仲景学医的决心更坚定了。有一天，他悄悄来到同族长辈伯父张伯祖家，张伯祖是当地的名医，他的医德高、医术好、颇受大家的尊敬。小仲景把想学医的理想告诉了伯父。

伯父听后说道："学医可不是好玩的事情哟，要记许许多多的药名，采集各种各样的药材，配制成千上万的药方，出诊更是辛苦，不论是风吹雨打，还是深更半夜，还要冒一定的风险，你难道不怕吗？"

"只要伯父肯收下我，什么苦我都不怕。"小仲景坚定地说。

"那好，只要你不怕吃苦，我就收下你这个徒弟。不过，我有个条件，我尽心教你，你可得认真地学哟，可不准半途而废哟！"伯父说。

张伯祖对还带着稚气但又充满灵气的小仲景打心眼儿喜欢。从此，小仲景就跟着伯父走上了学医的道路。白天他坐在伯父身边，伯父给人看病，他就仔细地听，默默地记，到了晚上，他就把白天所听到的，所看到的，整理成笔记，还阅读了大量的医学书籍。看见小仲景如此勤奋好学，张伯祖就决意将自己的所有行医本领教给他。

有一天,张伯祖写了"勤求古训,博采众方"的条幅送给侄儿并说:"我们行医,必须学习黄帝、扁鹊等前辈的医德、医术、医方,用古人的经验来丰富我们的知识,这就是'勤学古训';常到民间去搜集各种良方,采集有效的药材,虚心向别人学习,这就是'博采众方'。只有这样,你才能技高一筹,独树一帜。"

小仲景听了这一席语重心长的话后说:"侄儿一定牢记伯父的教诲,把这8个字作为自己行医的座右铭。"

小仲景回到家后,把这8个大字挂在自己的居室里,更加潜心学医了。

斗转星移,春来冬去,日子一天一天过去了。小仲景逐渐成长起来了。有一天,两位壮年男子抬着一个老人前来看病。这位老人高烧持续不退,腹痛难忍,张伯祖诊断后说:

"病人大便秘结,热盛伤津,病已进入了肠胃,不通就要痛,必须给病人吃泻药,但病人身体如此虚弱,怎经得起呢?"说着转身用商量的口气问仲景。

仲景说:"侄儿在民间学了一种方法,倒可以试试。"

伯父连声说:"好!快试试看。"说着就让张仲景去兑药给病人医治。

张仲景把兑好的蜂蜜水从病人的肛门慢慢地灌进去。蜂蜜水缓缓地流进大肠,肠壁受到了强烈的刺激,渐渐地蠕动起来。过了一会儿,病人忙说,想要大便,忙乎了一阵子,老人终于平静下来了。

过了几天,老人的儿子前来感谢师徒二人,说他的父亲已经痊愈了。这就是张仲景最早发明的灌肠法。

通过这件事,张伯祖对自己的徒弟更是喜欢,常在人前人后夸奖自己的爱徒,他也试着让张仲景独立诊治病人,在他的精心栽培下,张仲景终成名医。

黄道婆

　　黄道婆是中国历史上著名的纺织技术专家。她是上海县华泾镇人。黄道婆出身贫苦，生活贫寒，衣不遮体，食不果腹。自幼就被卖给人家当童养媳。在婆家也是吃不饱，穿不暖，挨打受气。有一天，从松江乌泥泾附近的码头上跑来一个十二三岁的小姑娘。她风尘仆仆，一副惊恐的神情。好像怕被别人发现，她一头扎进了一条木篷船里。

　　沈家大爹一大早刚刚起来，正在厨房准备早餐，突然，发现一个诚惶诚恐、战战兢兢的小姑娘。沈大爹吓了一大跳，愣了半天神儿，才想起来问：

　　"你从哪里来？是谁家的孩子？怎么天还没亮就到别人家船上来啦？快回家吧，人们还都在睡觉哪！你们家里人会找你的！"小女孩儿非常惊慌，咕咚一下跪在地上，说："不！大爹，您救救我，救救我吧！"

　　沈大爹仔细一问，才知道，原来这个小姑娘叫阿妹，是乌泥泾一个黄姓人家的童养媳。她白天下地干活，晚上织布。当时，还没有轧花机，小姑娘要把棉花的棉籽一粒一粒地剥出来，手指常常被刺破。从早忙到晚，却经常吃不上饭。这次跑出来，就是因为她没有纺出50个锦穗，没有完成规定的任务，被公婆和丈夫狠狠地打了一顿。她浑身青紫疼痛，肚子又饿得难受，实在忍受不了，所以为了活命，她跑了出来。

小姑娘跪着不肯起来，求沈大爹："大爹，让我跟你们走吧，我什么都会做，会做饭，会洗衣服，还会纺线织布，只要给我一口饭吃就行！"沈大爹看着可怜兮兮的小姑娘，心都软了，他想："咳，带她走吧，少挨几天打，让她逃个活命也好啊。"

天亮了，木篷船起航了，黄阿妹紧张的心情才放松下来。可是沈大爹并不是船主。这是一条商船，沈大爹只是一个厨师。

第二天，船主发现了黄阿妹。看在沈大爹的面子上，再加上黄阿妹非常勤快，不停地干活，船主没有赶她走。木篷船在海上航行了40多天，最后到达了广东海南岛一个叫崖州的地方。船主把货物卖出去，又装上粮食、蔬菜和南方的土特产。一切准备停当，商船就要返航了。黄阿妹听说要返航的消息，急得连饭都吃不下，她不想回乌泥泾，但是在崖州又没有什么可落脚的地方。黄阿妹心事重重的样子，沈大爹看在眼里，急在心上。后来，沈大爹决定把黄阿妹托付给一个可靠的黎族人家。他对黄阿妹说："小阿妹，我想来想去，决定把你托付给这里一个可靠的黎族阿婆家，这家人很好。你尽管放心，但是你一定要勤快，努力干活才行。"

黄阿妹说："太好了，沈大爹，谢谢你了。"

黄阿妹同意后，沈大爹就把她送到了一户黎族婆婆的家里。

沈大爹走后，黄阿妹就和黎家婆婆学起了纺线织布。可是她发现，这里的纺织方法和家乡的大不一样：棉籽不是用手剥，而是用铁杖碾，纺车是用脚踏的，一次可以纺出3根线。黄阿妹在家乡学的一切都不能用了，只好从头学起。她白天学，晚上练，非常刻苦，一心要把这里的纺织技术尽快地学到手。

在家乡乌泥泾，织布机只能织白布，没有什么花样。而这里，织布机既能套色，又能提花，技术是很复杂的。黎家婆婆是个纺纱织布的能手，人又善良，待人和气。黄阿妹庆幸遇上了这样一个心地善良、又有技术的老师。她对黎家阿婆也非常好，就像待自己的亲娘一般。她们二人感情深厚，亲如一家。黄阿妹从来也没有想过要回乌泥泾，好像这海南就是她的家乡一样。

日月如梭，一晃37年过去了。黄阿妹来的时候是个只有13岁的小姑娘，转眼间，却已经是个50岁的老婆婆了。她吃苦耐劳，心地善良，热情助人，无论谁有困难，她都慷慨解囊。因此人缘好、口碑也好，当地人都喜欢她，人们都称她为"黄道婆"。

黄道婆年纪大了，她有一个心愿，就是回到自己的家乡，把海南崖州先进的纺织技术和方法带回去，让乌泥泾人也能用上这种技术。一天，有一条乌泥泾的船只正要返航，黄道婆和他们磋商以后，便告别相处了37年的亲如家人的崖州乡亲，踏上了归途。

不久，黄道婆回到阔别已久的家乡。尽管这里已经没有什么自己的亲人，但还是感觉很亲切。在家乡，黄道婆请人仿照海南崖州的纺织工具，制造了轧花车、弹棉花的推弓，又改进了纺车和织布机。她开办学校，对当地乡亲进行培训。很快，乌泥泾就有了优质美观的套色提花布。乌泥泾的人把各种优质的套色花布销到大江南北，这一带的纺织业从此繁荣起来。黄道婆是我国元代著名的女纺织技术改革家，为改革纺织技术、推广当时先进的纺织技术做出了卓越的贡献。

祖冲之

祖冲之是我国南北朝时期著名的科学家。

他出身世家，生活条件优越。可他自幼就特别喜欢数学，不喜欢读那些枯燥的经书，也不喜欢背那些难懂的诗词。他对仕途毫无兴趣。为此，父亲经常责骂他。祖父祖昌任大匠卿，主管土木建筑。他常为祖冲之辩护说："只会死记硬背，不肯动脑筋，又不会动手的人才真的没有出息呢！"

因此，祖冲之特别喜欢和祖父在一起。祖父经常给他讲一些建筑知识。这对小冲之影响很大。

无论去哪儿，祖父总把小冲之带在身边，以增加他对社会的了解，开阔视野，扩大知识面。工地上有许多能工巧匠，他们个个能画会算，祖冲之对他们从心眼里敬佩。

平时，祖冲之和工地附近村里的小孩儿们一起玩儿。这些小孩儿会爬树，认识很多的花、草、树木、鸟儿和虫子，还会游泳。和他们在一起，祖冲之也学到了许多知识。晚上，他们在院子里看星星，祖冲之会告诉那些孩子们："那是织女星，那是牛郎星，这两颗星中间隔着的是银河……你们瞧，那7颗星是北斗星，北斗星的把儿，是会随着天气的变化而变化的……"这些孩子们很喜欢祖冲之，他们在一起玩得非常开心。

祖冲之是个爱动脑筋的孩子，他经常向祖父提出一些问题，如："月亮为什么有的时候是圆的,像个盘子;有的时候是弯的,像把镰刀?"

"为什么太阳白天出来,而月亮晚上出来呢?"

"为什么太阳会比月亮热?"

……

为了解答祖冲之的问题,祖父找来一些文章,让他自己看,并说:"这是汉朝天文学家张衡的文章,认真看一看,你会得到一些答案。"

祖冲之如饥似渴地读着这些文章。过了一段时间,祖父问他:"你现在知道月亮为什么会有时圆,有时缺了吗?"

祖冲之说:"啊,我懂了。月亮本身是不会发光的,朝着太阳的一面有光亮,背着太阳的一面就没有光亮。"

他又接着说:"人站在地球上看月亮,正对着阳光照射的一面时,就是满月;侧对着阳光照射的一面时,就是半月;由于角度不同,所以月亮有时看起来像把镰刀……"

祖父听了很高兴,就继续问他:"你说得对,如果日月相对,地球在中间,太阳光被地球遮住了,照不到月亮上时,会发生什么情况呢?"

祖冲之立刻回答说:"发生月食!"

祖父自然又是鼓励他一番。从此,祖冲之对有关天文的文章和书籍产生了浓厚的兴趣。他看书时,还把祖父给他的小木球(有点像今天的地球仪)摆在面前,转来转去,进行研究。

祖冲之听说有一个官员名叫何承天,研究天文很有成就,就缠着祖父要前去拜访。祖父见小家伙如此好学,又是那么有兴致,就带着他一起到何承天家。祖父把小祖冲之对天文的兴趣介绍了一番,又客气地请求何承天加以指导。何承天说:"孩子,研究天文学，是很辛苦的，既不能升官，又不能发财，这又何苦呢？"

祖冲之说："我既不想升官，也不想发财，只想弄清天地的秘密。"

何承天听了很高兴，还夸奖他有志气。他们来到后院，何承天指着一个东西（用石子砌起来的一个圆池子，在池子正中间竖立着一根木杆）让他看，告诉他："这叫土圭，是用来测量太阳位置的。早晨，太阳从东方升起，杆影朝西，很长，随着太阳的运转，慢慢地杆影移向西北，越来越短。到正午，太阳升得最高，杆影最短；下午杆影又渐渐地变长，转向东方，就是夕阳西下的时候了。"

祖冲之说："我还以为是用木杆来量什么哪！"

何承天说："木杆这么短，太阳那么高，怎么量，量什么？哈哈！不是用木杆量，而是根据影子的方向、长度来测量太阳照射的变化而判断时间的。"

在地上还有一根用小石子砌成的线，祖冲之指着它问："这线是做什么用的？"

何承天回答说："这是正北线，正午里，杆影到线上，就能看出杆影的长度，每天都不一样。"

祖冲之非常聪明，他马上想到一个问题，就说："'夏至'时，太阳在天空最高，杆影最短；'冬至'时，太阳在天空最低，杆影最长，您说对吗？"

何承天马上说："对，对，你是个爱动脑筋的好孩子。"

就这样，日复一日，何承天把祖冲之引入研究历法的大门。

经过长年累月的观察和测量、计算，祖冲之发现何承天的《元嘉历》还有不够精密的地方，于是他动手改订新的历法。新历法有很多计算是与现代科学测算接近的。那年他才33岁。可惜封建帝王并不是很理解，也不重视科学，新历法被呈递后，很多年得

不到推行。

祖冲之很喜欢数学，他从当时一本著名的数学书《周髀算经》中看到，圆的周长为直径的 3 倍，他就用绳子量车轮，进行验证。不想结果却发现车轮的周长比直径的 3 倍还多一点：量盆子圆口的周长也是一样。

圆周究竟比直径长多少呢？他读了很多数学书，并反复计算，认定刘徽的"割圆术"最科学。但刘徽只算到小数点以后两位，他决心继续算下去。

祖冲之在地上画了一个直径为一丈的大圆，采用割圆术，正六边形，正十二边形，正二十四边形……一直到一二二八八边形。最后终于算出了圆周率是介于 3.1415926 和 3.1415927 之间的，成为世界上第一位把圆周率推算到小数点后七位数的人。

除此之外，祖冲之还以精确的计算，改造指南车、制作小磨房、千里船等。

祖冲之是世界著名的数学家和天文学家。国际天文学联合会用祖冲之的名字命名月球上的一座环形山，用以表达对他的敬仰和纪念。

僧一行

　　这是唐朝时的故事。

　　夜，沉寂寂的。月亮缓缓地在云层中穿行，月光照在崎岖的山路上。一位青年匆匆地在山路上行走。

　　他来到一座寺庙门前，抬头望望天空，见夜已深沉，于是倚坐在石狮脚下。也许是太劳累了，片刻功夫，他就睡着了。

　　第二天一早，他求见寺院长老，要留下来落发为僧。长老见这青年低垂着眼帘，微躬着身子，恭恭敬敬的一副憨厚相。

　　"你为什么要出家为僧呢？是不是犯了什么罪，得罪了官家，来寺院躲避？"长老捻动着手中的念珠，缓缓问道。

　　"回长老话，我没有犯罪。"

　　"那为什么要出家？"

　　"这事说来话长，容我慢慢讲来。"青年人抬起头，讲述了事情的来龙去脉。

　　这位青年名叫张遂，他从小喜欢学习、读书，尤其喜欢研究天文学。在他家附近，有一座规模宏大的道观——玄都观。观内藏书有万卷之多，道观的主持道士叫严崇，是位博学多才的学者，许多钻研学问的人都慕名而来，在这里读书研讨。

　　张遂是玄都观的常客。他经常借书回家阅读，还书时与严道长交流心得，讨论学术上的问题。严崇十分欣赏这位朴实、真诚、好学的青年，也乐于带着张遂浏览各种藏书，使张遂大开了眼界。

一次，张遂借了一部汉代扬雄写的《太玄经》。这部书共10卷，讲的是周易和阴阳学说，是部哲学著作，其中也讲了许多自然科学知识。严崇对张遂说："这本书的内容相当深奥，要想读懂它可是件非常困难的事，你拿回去慢慢研究吧，不用急于还书。"

过了几天后，张遂却把书还了回来，并且写出了心得，绘制了一幅《大衍玄图》。严崇感到非常诧异，心中暗暗称奇，"这个青年有这么高的悟性。"严崇向学者们称赞张遂为"后生颜子"。颜子就是颜渊，相传是孔子弟子中最杰出的一个，后来人们常把才华出众的青年比作颜子。凭借玄都观的学者们的称颂，张遂成了长安城内有名的年轻学者。

当时，正是唐朝女皇帝武则天执政，她的侄子武三思倚仗权势，在京城里无恶不作，飞扬跋扈。他虽然官高位显，但没有真才实学，很想拉拢一班有名的学者来提高自己的声望，于是他请来张遂，要和他结交。张遂平素最厌恶攀附权贵的人，哪肯和武三思这种人交往，起初只是躲避，后来为了求得清静，断然来到嵩山少林寺，出家当和尚。

寺院长老听完张遂的讲述，心里也喜欢起这个好学的青年。长老问张遂：

"你能忍受远离繁华、青灯黄卷的清苦吗？"

"能！"张遂坚定地回答。

张遂出家后，法名一行。他除了每天打坐修行，仍旧努力钻研数学和天文。没有多久，众僧便一致认为一行是寺内最有学问的人。

一行听说浙江天台山有个和尚精通数学，他便毅然离开嵩山，走了两三千里路去请教。后来他又到湖北当阳玉泉山，继续钻研天文。

公元712年，唐玄宗即位，采取了一些改革政治和发展经济的措施。为了整理和编纂国家藏书，唐玄宗派人硬把一行请到了京城长安。后来又让一行主持修订历法。一行带领一班人实测了子午线（经线）的长度。他还编定了一部新历法——《大衍历》。

孙思邈

孙思邈是我国古代著名的医学家。

隋文帝在位时，一个小男孩在陕西华源县孙家源村降生了，他就是孙思邈。他的父亲是个木匠。家里主要靠父亲的手艺维持生活，谈不上富裕，但吃饭是不用发愁的。

孙家源村水土不好，得病的人很多。村里的妇女大部分害有大脖子病。小孩子们身体都不好：脖子短，身体矮小，还有很多孩子是傻子。孙木匠有"雀目眼病"，也就是夜盲症（维生素 A 缺乏症），一到天黑就看不见东西。小思邈的母亲也有"大脖子病"。小思邈从出生就体弱，今天这病好了，明天那病又来了；一天到晚吃药，像个小药罐子。

孙木匠为了给小思邈治病，不惜变卖了所有的家当。可是旧病刚好，新病又来了。后来本地的张七伯，用土办法开了方子，配了几副中草药，一文钱没有花，小思邈的病就好了。孙木匠说：

"为了能有钱治病，我整整卖掉了两亩地，也没有治好。还是张七伯的土办法灵。"

一天，孙木匠背着儿子上山去找张七伯，天色已黑，加上他又有夜盲症，一不小心，父子两个掉到山下深沟里去了。

到了第二天清早，见他们父子俩还没有回家，小思邈的母亲很着急，她上山去找，发现了跌到深山沟里的父子俩。母亲找人来,把他们抬回家,又请张七伯用土办法开了几副中草药,他俩这才慢慢好起来。

小思邈逐渐长大了,一天,父亲问他:"思邈,你长大要干什么呀?"

思邈毫不犹豫地回答说:"我长大以后,要当一名郎中,给母亲治好大脖子病,给父亲治好雀目眼病。"

孙木匠听了很欣慰。于是下决心节衣缩食,省钱给儿子当学费。

在学堂里,小思邈用功读书,一天能背诵1000字的文章,经常受到先生的夸奖。

有一天,张七伯请孙木匠去做药柜,小思邈也要一起去。到了张七伯的家里,他看到院子里到处晾晒着各种药材。小思邈好奇得不得了。他向张七伯问这问那,指着一束白色的药材问七伯:"这是什么药?"张七伯回答说:"这是白头翁的根,草杆和叶子上都有白色的长毛。"小思邈又问:"有一种像乌鸦头一样的块茎,叫什么名字?"

七伯说:"那叫乌头。"于是,小思邈天真地说:"我知道了,药名是按药材的模样取的,是吗?"张七伯说:"不一定啊,迎春花、夏枯草、秋海棠等是根据它们的开花、枯萎的时间取名;而青蒿、黄连是按颜色取名;甘草、酸梅、五味子是按味道取名……小思邈勤学好问,喜欢动脑筋想问题、提问题,长大一定是有出息,能做大事的。"

孙思邈立志学医,15岁那年,他就背着背篓儿跟张七伯进山采药了。张七伯能从杂草中间找到所需的草药材。孙思邈认真地向张七伯学。张七伯也总是耐心地教他。为了教他,七伯爬到很高的地方,指着一株药草:"看,这就是治咳嗽的特效药——贝母。"

思邈问道:"七伯,你爬这么高害怕不害怕?"

张七伯十分坦率地说:"我第一次登悬崖,吓得心咕咚咕咚地跳,慢慢胆子就大了,爬山多了也就不害怕了。"

思邈又问七伯:"珍贵的、稀有的药材是不是都长在悬崖峭壁的石头缝里呢?"

张七伯说:"不,不一定,越是阴暗的、潮湿的,人们不容易到达的地方,越有珍贵的药材生长着。采药的人要不怕危险、不怕辛苦,舍得走远路,才能采到好药材啊。"

"究竟什么样的药材是好药材呢?"思邈打破沙锅问到底。

张七伯告诉他:"所谓好药材,一是很难找到,一是要对症,能治好病,就是好药材。有一种好药叫'小草'的药草,又名'远志'。它能安神,又能化痰,药效极好,药到病除。希望你要像它一样!"张七伯看到思邈用心学习,又肯钻研,将来会成大器,就拿了一本书给他,说:"这本《黄帝内经》是十分重要的医学书,你拿去认真地读,好好钻研,一定会对你有帮助的;这点钱,拿去买纸墨笔砚吧……"

后来孙思邈精心钻研医学,又拜名医为师,在18岁的时候,已能独立行医。20岁成为名扬京城的医界奇才。

孙思邈对此并不满足。他听说太白山上有位名叫陈元的人,能治雀目眼病和大脖子病,于是就上山去求教,经过长途跋涉,登上了人烟稀少的太白山。陈元被他的精神所感动,便把自己的祖传秘方传授给他。

孙思邈喜欢上了太白山,就长期住了下来。他不仅治愈了许多人的大脖子病,还发明了用蚂蟥吮吸眼部瘀血以及下颌脱臼整复的方法,搜集了大量医治外伤的药方。

孙思邈成为家喻户晓的名医。官府知道以后,请他进衙做官,他谢绝了。他决心在民间当一名普普通通的医生,为贫苦的百姓行医治病;决心广泛地搜集民间的中医治疗疑难病症的宝贵药方,总结记录,汇集成册,传给后代。为此,他走遍了江南的各地,还到了四川、云南、贵州、甘肃等地,在医治疾病的实践中发明了许多的专治妇女、儿童的疑难病症的药方。

孙思邈根据收集到的大量医书、医治偏方和药物的标本,经过十几年的努力,终于完成了医学专著《备急千金方》。这部书规模宏大,内容丰富,包括诊断、食治、针灸及预防等各方面的知识,是我国最早的一部临床实用百科全书。他通过这部书,把医药知识普及到民间,终于实现了自己的宏大志向。

孙思邈一生钻研医学,为穷苦百姓治病。他活到了101岁才安然仙逝。

徐光启

徐光启是我国近代科学的先驱者。1562 年 4 月 24 日诞生在上海。当时的上海只是一个小小的县城。

徐光启出身于农民家庭，生活清贫。他的父亲靠种田务农养家，母亲和祖母在家里面操持家务，兼纺纱织布。一家人男耕女织，起早贪黑，辛辛苦苦，也只够糊口度日。

徐光启从小就很独立，他胆量大，也很顽强。冬天天很冷，地上有冰，很滑，别的小朋友们都怕摔跤。可他不怕，他一边跑，还一边叫嚷着："我要跑第一！"

他很调皮。有一次，"龙华塔"上有鸽子，他竟然爬上了这座塔，去捉鸽子。看到他爬上去，大家都吓得闭上了眼睛，生怕他跌下来。可是他自己一点也不怕，若无其事，嘴里边还嘟囔着：

"鸽子，都是你害得我爬到塔顶上来抓你！"

到了小光启上学的年龄，家里决定省吃俭用，供他上学。于是东凑西筹，凑够了学费，送他去念书。父亲对他说："家里并不宽裕，但是为了你将来有出息，省吃俭用也要供你读书，进学堂很不容易，一定要好好学习呀！"

自从进学堂读书后，小光启就再也不贪玩，不淘气了。天还不亮，他就起来背书；放学后，回到家里就躲进自己的房间做功课，经常到了吃饭的时候还得母亲去叫他。有时候还要叫好几遍。

由于勤奋和努力,每次考试,徐光启的成绩都名列前茅。父母都为徐光启的成绩而高兴。他们表示,哪怕是吃不上饭,也要供光启读书。

徐光启的同学们问他:"你学习得那么好,是不是有什么窍门?"

他说:"没有什么窍门,只不过多下工夫就是了。"

同学们都很钦佩他。

徐光启对书本以外的知识也很关心。他非常注意观察生活。有一天,看到奶奶在纺线,纺车有3个纱锭,他便问道:

"奶奶,为什么你的纺车上有3个纱锭,而外婆用的纺车只有1个?"

奶奶说:"你外婆用的纺车是一般的纺车,我用的纺车是黄道婆发明的,一个人可顶三个人呢。"

徐光启问:"黄道婆是谁呀?"

奶奶说:"黄道婆是南宋人。她出身很苦,少年时流浪到海南,开始向当地黎族人学习纺织技术,后来回到家乡,就把技术传授给了大家。她是我们纺织的祖师婆,人们都非常尊敬她,在她家乡为她塑了像、造了祠。"

徐光启说:"黄道婆真是很了不起呀!"

徐光启爱家乡,爱田园,爱庄稼。课余时间,他常常到田野里帮父亲干农活。他想,父亲做农活太辛苦了。怎么样才能让干农活的人不那么辛苦呢,这是他经常想的一个问题。

有一次,他路过德章爷爷的棉田,看到德章爷爷把棉花的顶芯摘掉了。他便问道:

"爷爷,你为什么要把棉花的顶芯摘掉呢?对棉花的生长有什么好处吗?"

德章爷爷说:"你这个问题问得好。在立秋以后,新长的棉枝不结棉桃了,如果不把顶芯摘掉,它就会疯长,把营养吸收去,直接影响棉桃的成熟。如果把顶芯摘掉,就会控制不结棉桃的枝条的生长,把营养集中到棉桃上,使得棉桃长得丰满,收获的棉花就会多。"

德章爷爷一边说一边指着棉花顶芯让徐光启看,让他认识,并教给他怎么把顶芯摘掉。光启把德章爷爷教的一一记在心里。德章爷爷是个种棉花的能手,他经验丰富,听他的没错。因此,徐光启回去后,就照他说的方法去做,开始父亲不相信,一个劲儿阻止他。为此,父子俩还争吵了一番。可是当徐光启说是德章爷爷教他这样做的,父亲也就无话可说了。

尤其是当看到棉花的长势很好的时候,徐光启的父亲更是心服口服了。到了秋天,徐光启家的棉花长得苗壮,获得了好收成。父亲乐呵呵地说:

"摘'冲天芯'的办法真是很灵的!"

徐光启懂得了种棉花需要知识。于是,找了很多历代的农书,如《胜之书》、《齐民要术》、《农桑辑要》、《王祯农书》等研究起来。

徐光启刻苦学习,终于于1581年考中了秀才,1597年又中了举人。此后,他当了教书先生,决心让当地的儿童和青年都变得有文化。除了教书外,他把精力集中到有利于农业富民的科学研究和实践上。

他四处走访,凡是有关农业发展的宝贵经验,他都一一记在本子上。比如:

"稻田里水太大,

稻子容易倒伏";

"稻田太干,

不利于稻子上浆";

"只有干干湿湿,

稻根才粗壮";

"用牲口拉水车比人力拉水车要节省劳力";

"柳条能当柴烧也能编筐"……

他把有用的好经验,向各个不同的地方传播,与人交流。

徐光启很注意因地制宜。有的地方种庄稼长不好,他就移植杞柳,杞柳的柳条既可以当柴烧,也可以编箩筐,可作副业增加收入。

有一次,徐光启到一个北方朋友家去做客,品尝了一道鲜美可口的菜蔬,他便问那朋友:

"这是什么菜蔬,这样味美?"

那朋友说:"这叫芜青,只可惜这种菜在南方是不能种的。书中记载,在南方种植这种菜,会不长叶子,只长根。"

饭后,徐光启便向朋友要了芜青种子,并询问了种植方法。他将种子带到了南方,自己亲自试种。他把原来种植芜青浇粪水改用干肥,长好后,他又筛选、优化种子再种,经过反复试种,芜青的根长得又大又肥又甜,他为芜青起了个新名字叫"大头菜"。

徐光启还把南方的甘薯精心培育,在长江中下游地区和北方推广种植,使之成为人们生活中离不开的食品。

徐光启还与意大利的传教士利马窦结为亲密朋友,向他学习天文、历法、数学、测量和水利等各方面的技术知识。根据利马窦讲解的阿基米德的《几何原本》,徐光启懂得了逻辑推理的严密性。他把这本书翻译成中文,于1607年刻印出版。这是中国翻译出版的第一本西方数学书。现今几何学中许多名词和术语就是当年徐光启翻译的。

徐光启因为努力实践，刻苦钻研，被晋升为礼部尚书兼东阁大学士，但是他仍然不忘农业。1623年，他着手编著《农政全书》，全书约70万字，是一部介绍我国古代农业知识的巨著，在我国农业史上占据着十分重要的地位，对我国的农业发展做出了巨大的贡献。

此外徐光启还主持修定了《崇祯历书》。

徐光启是中国第一个使用望远镜的人。他还最先引进西方的火炮，并使用它打退了清兵的进攻。他的一生，在数学、天文学、历法等方面均有建树。

1633年，徐光启逝世，被安葬在上海县西郊外。后来人们为了纪念徐光启，将那个埋葬他的地方命名为"徐家汇"。

葛　洪

　　1600多年前,江苏南京附近的句容县内,有一个少年,名字叫葛洪。他出身官宦人家,自幼接受良好的家庭教育和文化熏陶,知书达理。但是因为父亲在他很小的时候就去世了,所以家境贫寒。

　　年幼的葛洪虽然性格内向,寡言少语,但他有志向有抱负。他对大自然的一切都感兴趣,无论什么都想弄个明白。

　　有一天,小葛洪上山砍柴,忽然闪电雷鸣,下起了倾盆大雨。小伙伴们急着躲雨,而他却望着昏暗的、迷蒙的天空沉思默想:"是谁在眨眼之间,搅得天昏地暗,乌云翻滚? 又是谁引来了风雨雷霆? ……"

　　一会儿,雨过天晴了。半空中出现了一道七色彩虹,绚丽耀眼。"好奇怪呀! 怎么天气说变就变呢?""这到底是怎么回事?"小伙伴们七嘴八舌,众说纷纭。

　　有的说:"这是蛟龙吐出的气!"

　　有的说:"不,是神仙搭的桥!"

　　有的说:"不对! 都不对,那是仙女织的七彩锦缎!"

　　伙伴们的说法,葛洪觉得都有问题:蛟龙吐气,为啥雨后才有虹呢? 神仙会飞,造桥有啥用? 仙女织锦,又怎么能抛下人间?

　　小葛洪真想从书中找到答案,但是,他曾经做太守的父亲,为官廉洁,死后家里一贫如洗,哪有钱买更多的书呢? 他暗暗地想,一定要好好学习,有了知识,一切就弄明白了。

要是有不花钱,又能用不完的纸墨就好了。小葛洪正想着,忽然看见乌黑的木炭,哦,有办法了。他高兴地大声叫起来:

"母亲,我有用不完的纸笔啦! 你看! 木炭就是我的笔,石板,山上的岩壁就是我的纸,可以写了擦,擦了再写,永远也用不完呢!"

母亲鼓励他说:"这个办法真不错,你很会动脑筋。"

第二天,葛洪带了木炭上山砍柴。谁料到,遇上了一场大雨。木炭被淋湿而没法用了! 晚上他在油灯下读着父亲生前抄写的《乐府诗》:

"江南可采莲,莲叶何田田,鱼戏莲叶间……"

葛洪突然来了灵感。他对母亲说:"母亲,用荷叶包起木炭,木炭就不会被淋湿了!"

他高兴得简直都要跳起来了。从这以后,他每天用荷叶把木炭包起来,揣在怀里上山砍柴。休息时,便在石板、岩壁上练习写字。葛洪就是靠着这种用不完的"纸和笔",每天坚持不懈地练习,字写得越来越好。经过了一段时间,父亲留在书橱里的书,他一本一本地全部读完了,而且也全部背会了,还能默写。

他开始向别人借书。日复一日,附近人家的书能读的他全部读完了。他听说丹阳城有个亲戚家藏有很多的书,于是又不惜冒着酷暑严寒,一趟又一趟地来回跑着借书、还书。有人看见他如此辛苦,就对他说:"葛洪老弟,你真是想不开,何必如此和自己过意不去呢? 你看我,不读书,不也过得很自在吗?"

葛洪心想:"污水中的泥鳅哪里知道大海的波澜壮阔呢,草丛里的萤火虫是看不到太阳和月亮的光辉的!"

回到家里，葛洪如饥似渴地阅读着借来的书，他一字字、一句句地认真地读啊、背呀、写呀，废寝忘食。

母亲一遍又一遍地催他休息："孩子，夜深了，快睡吧，明天再读，当心累坏了身体。"

葛洪说："妈妈，你还记得吧，父亲说过，没有知识的人是做不成大事的。我得抓紧时间读书啊！"母亲听了很感动，相信儿子是能够有出息的。经过勤奋地学习，葛洪靠自己的努力，打下了坚实的基础，小小年纪就开始写文章了。他的文章受到伙伴们和亲戚们的称赞。葛洪并不满足，他觉得写这些文章写得太肤浅，一把火都给烧掉了。亲友们都觉得烧得太可惜。可是他自己却说："这些文章没有实际意义，不值得给人看，还是化为灰烬更好。"

自此以后，葛洪写文章更加认真，每改动一个字，都要前思后想，左右推敲，改了再改，功夫不负有心人，他终于能够挥洒自如，写出令自己满意的文章了。这时他已长大成人。

怀着"救人危，使之免祸；护人疾，令不枉死"的愿望，葛洪离开自己的母亲，开始周游各地，研究医学，救活了无数人的性命。他一边各地询访、游览，治病救人，一边创作写文章。

他跋山涉水，走访千家万户，写了许多的文学和医学著作。他的《抱朴子》是介绍冶炼和制药的著作。他还写了《肘后备急方》，书中记载了许多急症的救治方法。

葛洪思想活跃，勤于学习，善于思索，在科学上和文学上取得了巨大的成就，成为我国东晋时期著名的道教理论家、医学家和炼丹术家。他成为世界化学制药的先驱。

李时珍

1518年，苏州瓦硝坝的中医李月池家里，一个小男孩儿出生了，他就是李时珍。

李时珍的父亲是当地有名的中医。左邻右舍的人一有不舒服，就来找他看病，每次都是药到病除。他在自家的后院种植了很多种草药。除了给人看病以外，他就侍弄这些草药。一会儿浇水，一会儿锄草，一会儿施肥。

李时珍从懂事起，就对帮助父亲给中草药松土、锄草很感兴趣。他每次来到这个小药园，总是问这问那："父亲，这是啥花呀？"

父亲会耐心地回答："这叫单叶红牡丹，它的根和皮都能入药。"

于是小时珍就会接着问："那这药能治什么病啊？"

父亲告诉他："这药能治风寒，能止疼痛；肠胃炽热，心气不足也能治。"

小时珍还会刨根问底："啥叫心气不足啊？"

"你现在还小，过几年再学吧！"

这个小家伙总是不依不饶地问个没完没了的，还说："我就要问，我偏要问！"

父亲总是乐呵呵地说："好好好，我告诉你……"

他缠住父亲不放，父亲只好把一些具有药用价值的花、草的名字、药性、用途一一讲给他听。你可不要小瞧这个小家伙，他听得还很认真呢！就这样，今天讲几样，明天讲几样，日子一天一天地过去，后院小园子里的花啊草啊的，也就基本上讲完了。

随着时间的流逝，小时珍一天天地长大，他 8 岁了。后院小药园的草药都已经让他认完了，每种草药他都记得很熟。他对此很不满足。父亲只好带着他上山采药。山上的学问可是大得很哪！漫山遍野一眼望不到边，到处都是野生的药材，还有天上飞的昆虫、到处跑的野兽，这可使小时珍大开了眼界。他看到父亲采草药时，每次采了，都要放在嘴里嚼一嚼，尝一尝，就好奇地问："爸爸，你为什么采了草药，都要放到嘴里尝一尝呢？"

父亲说："放到嘴里嚼一嚼，尝一尝，就知道是什么味道。我们的祖先们，采草药都是这样的。只有用嘴品尝才能知道药力、药味和疗效。我们的先人们就是这样亲自品尝以后，才写出《本草经》这本医书的！等你长大后，你可以好好地读一读这本《本草经》！"

在山上，爸爸和小时珍总是一边走，一边看，一边讲，碰到什么，就讲什么。有一次，他们看到一条蛇，吓得小时珍直叫："哎呀！不得了，蛇！"

父亲一把抱住他，告诉他："这叫蕲蛇，是极毒的，人一旦被它咬到，抢救慢了，就要丧命的！但是蛇胆、毒液和它的皮都是治病的良药呢！"

小时珍追根究底："人如果被这蛇咬了可怎么办呀？"

只见父亲低头找呀找，忽然眼睛一亮，他采了几棵小草，对小时珍说："你看，这是半边莲，这是鬼针草，这是天南星草，这几种草药都是能治蛇伤的！"

每一次,父亲讲解以后,小时珍都牢牢地记在心里。他的记性特别好,每隔一段时间,父亲再问他以前讲过的草药知识,他都能一字不差地回答出来。就这样,一天又一天,一月又一月,一年又一年……时间久了,李时珍在父亲的指点下,已经能辨别各种药草、动物,并说出它们的药用价值了。

有一次,李时珍和几个小伙伴上山去玩。有一个小朋友不小心被蕲蛇咬了。小朋友们都吓得不知如何是好,李时珍却十分的镇静,他说:"别着急,我知道半边莲、鬼针草和天南星草都能治蛇伤。这些草很好找。"

于是他东找找,西找找,不多一会儿,就拿了一些草药,揉了揉,挤了挤,给那小朋友涂抹在被咬伤的地方,然后就把那小朋友抬回了家。第二天,被咬的小孩儿果然好多了,被父亲带着到李时珍家里来道谢。于是村里的人都知道李月池家的小公子李时珍也懂得治病了。不久,左右村子都知道蕲州瓦硝坝村有个会治病的"小神童"李时珍。

李时珍每天跟着父亲,亲眼目睹他神奇般地救治了许多重病患者,却不计报酬。

李时珍就是这样耳濡目染,渐渐地对行医的愿望越来越强烈。家中的医书就像磁铁一般地吸引着他。父亲看在眼里,记在心里,有一天对他说:"孩子,做医生当郎中是个苦差使,是发不了财的。那些富贵人家,有几个看得起我们做郎中的,有出息的人都是寻求功名的,有哪个肯干这一行呢?"

李时珍对父亲说:"您不是曾经讲过扁鹊和华佗都是有名的医生,是很了不起的人吗?"

父亲说:"他们的医术确实是了不起的,但他们却一生清苦、贫困。"

李时珍听懂了父亲是反对他学医的。但是行医的愿望却在李时珍的心里越来越强烈。每天天蒙蒙亮,他就偷偷地拿了医书到玄妙观的台阶上去阅读。那玄妙观的道士夸他说:"李相公,你小小年纪就这般地用功,长大准是个有学问的人哪!"

李时珍刻苦读书,长进很快。一天,父亲出诊看病,偏巧诊所里来了2个病人,一个是火眼肿痛,一个是暴泄不止。看着病人痛苦的样子,李时珍说:"这样吧,我给你们开个方子试试吧!"

方子刚刚开好,恰巧父亲李月池回来了。他看了李时珍开的药方,说:"好,诊断明确,用药得当,好,好哇!"心里说不出的高兴。他心想:"儿子要赶上老子啦!"

那时李时珍才13岁。

14岁时,李时珍考取了秀才。有一次他来到乡绅顾敦家,却意外地发现了他家有许多历代罕见的医书。他如获至宝,爱不释手,废寝忘食地读了起来。

就这样,李时珍发奋攻读,终于成了远近闻名的郎中。他在诊治中发现400年前修订的《本草经》差错遗漏很多,于是便萌生了重新修订《本草经》的念头。为此,他辞去京城太医院的职务,不畏艰险,跋涉于荒山野岭,考察、了解药草习性,搜集民间秘方,足足花了27年的时间,终于写成了190万字的《本草纲目》。

《本草纲目》是一部集中国药学大成的著作,也是世界药物学界罕见的巨著。李时珍的伟大成就,使他成为世界闻名的医学家和药学家。

詹天佑

詹天佑是建造中国第一条铁路的工程师。

1861 年，他出生于广东省的南海市。那是一个动荡的年代，父母出于对儿子的疼爱，为他起名"天佑"，祈望老天保佑的意思。

詹天佑的祖父是个商人，主要向国外经销茶叶。由于当时帝国主义入侵中国，詹天佑的父亲痛恨列强的侵略行为，不愿继续从事这种商业活动，他教育天佑说：

"孩子，你长大要成为有本领的人，为中国人争气！"

詹天佑 8 岁时，进入一所私塾读书。他天资聪明，学习刻苦，又喜欢看课外书，尤其喜欢读一些与工程有关的画报。看完书后，他还照着书上或画报上的图片，用胶泥捏火车、机器等，捏得还很像样子呢！

有一天，他独自看着闹钟，愣愣地看了好半天。父亲问他："你怎么老愣着看闹钟啊？"他却反问父亲："这闹钟怎么会走的呢？为什么铃声会按时间响呢？"他问得父亲张口结舌，回答不出来。这些问题一直是个猜不透的谜，在詹天佑的小脑瓜里萦绕着。为了揭开这个谜，他趁大人不在，偷偷把闹钟拆开了，琢磨了好一阵子，然后又照原样安装好，终于弄清了闹钟的构造，知道了它为什么会走。从此，詹天佑更加喜欢机器了。平时他特别留意一些小东西，比如小齿轮，小铁丝，小钉子，一有空就喜欢自己闷头摆弄。

为此,小伙伴们给他起了个外号叫"小机器迷"。

1897年,突然传来了一个好消息:清政府为了培养人才,决定送30名聪慧好学的少年到美国求学。当时詹天佑才11岁,他听到大人谈论以后,就勇敢地向父亲提出:"爸爸,让我去吧!"

父母听了都很高兴,就答应去为他报名。经过选拔和考试,詹天佑名列前茅,被录取为第一批出国留学的预备生。

12岁的詹天佑,坐着火车到上海,然后又换乘轮船去美国留学。他一点也不胆怯。在他的心里装着发奋学习、振兴祖国的雄心大志。到美国后,首要的任务是要学好英语,为此,詹天佑住进了一个普通工人的家里。房东看他年幼,却懂礼貌,很喜欢他;又由于詹天佑天性好学,到美国的第二年,就过了英语关。

克服了语言障碍,詹天佑考进了海西文小学。在学校里,他尊敬老师、团结同学,学习进步很快,成绩优异。不到3年,也就是在他15岁的时候,詹天佑考进了纽海文中学。

在中学里,他上课专心听讲,下课认真复习,按时完成作业;除此以外,还挤时间阅读各种参考书。老师诺索卜夫人发现他的数学成绩优异,鼓励他学好科学,将来做一名科学家。老师的话使詹天佑备受鼓舞,于是便开始系统学习科学知识。詹天佑心中暗暗地发誓:"将来中国人也要自己造火车和轮船!"

他牢牢记住自己的誓言,比任何一个人都努力。17岁那年,他考上了美国著名的耶鲁大学土木工程系,专读铁路专业。在大学里,他起早贪黑,如饥似渴地学习。毕业考试时,他的数学成绩全校第一,并获得了学士学位。詹天佑学成回国后,投身于祖国铁路事业。1905年,清政府决定修建京张铁路。美、俄帝国争抢包揽工程,詹天佑挺身而出说:"这项工程应该由我们中国人自己来承接!"

京张铁路全长 300 多千米，要穿过崇山峻岭，特别是居庸关、八达岭一段，几乎全是悬崖峭壁。计划要在 6 年内建成这条铁路，确实困难重重，令人担心。但是詹天佑坚定地表示：

"我们一定完成任务，为中国人争气！"

为了早日建成京张铁路，詹天佑把一切置之度外。白天，他亲自背着仪器，翻山越岭，勘测地形，还常骑着一头小毛驴，四处奔走，访问老乡，千方百计收集资料；晚上，他住在农民家里，在昏暗的油灯下，画图设计，或同助手们一起研究施工方案。

在詹天佑的精心组织、安排下，铁路工程的设计、施工进展顺利。但是，当要开凿长达 1000 多米的八达岭隧道时，一些头脑里充满洋奴思想的贵族老爷纷纷指责詹天佑："你这是不自量力，胆大妄为！"

正虎视眈眈地等待"收拾残局"的外国工程师更是吹冷风，得意地"预言"："中国人想自己凿通这么长的隧道那是白白往八达岭上扔白银，必定以失败告终！"

开凿隧道，的确是一项艰难的工程。在国外，当时已有了开山机、抽水机和通风机等比较先进的设备。而技术落后的中国什么也没有，有的只是人力。这些都没有吓倒詹天佑。他以豪迈的气魄回答洋人说："先生们，中国人充满智慧，我们一定能够用双手打通隧道，建成铁路，像当年我们的祖先建成宏伟的万里长城一样。"

隧道工程开工后，詹天佑把总工程办事处搬到了南口，他吃住在工地，亲自指挥施工，还经常和工人一起劳动，往隧道外运土、运水。为了加快工程进度，缩短工期，他还创造了"竖井施工法"。

那时候，工人们奇怪地发现，工地上常常出现几个身背猎枪的洋人,鬼鬼祟祟地东张西望。原来,这些"不速之客"是来偷看工程进展情况的。他们居心叵测,连做梦也在盼望詹天佑失败,好让他们来收拾残局,攫取开凿隧道的优先权。

然而,洋人的如意算盘打错了。以詹天佑为首的中国工人和技术人员,在"为中国人争气"口号的鼓舞下,仅用了8个月的时间,就胜利开通了举世闻名的八达岭隧道。

经过詹天佑和全体铁路工人4年的努力,克服了种种的困难,京张铁路于1909年4月建成,胜利通车了。工程费用比预算节省了28万两白银,在中国的铁路史上写下了光辉的一页。

茅以升

茅以升是我国著名的桥梁专家。

他于 1896 年出生在江苏南京。幼年时,他非常喜欢观看一年一度的龙舟比赛。1907 年,茅以升 11 岁那年的端午节,在他的家乡南京举行了一年一度的划龙舟比赛。偏在这时,他生了病,没有办法出去,只好呆在家里。可是他的心却像猫爪子抓一样痒痒。他把希望寄托在小伙伴身上。他热切地盼望着小伙伴快点回来给他讲一讲精彩的龙舟大赛的热闹情景。

正当茅以升焦急等待的时候,小伙伴气喘吁吁地来到他家。一个小伙伴急呼呼地说:

"不好了,秦淮河出事了!"

"怎么啦?"茅以升惊愕了一下,慢慢地坐起身问,"是龙船翻了吗?"

"不,是看赛龙船的人太多,把文德桥压塌了!"另一个小伙伴解释说:"幸亏你没有去,要是去了,说不定也掉到河里去了。"

"文德桥?"茅以升皱了一下眉头问,"文德桥怎么会塌呢?"

"不结实呗!"小伙伴们异口同声地说。

"那掉到河里的人多吗?"

"可多啦!"一个小伙伴沉痛地说,"我们思益学堂就有几个同学淹死了。当时河里、岸上,哭喊叫闹,乱成一团了。"

听到这里，茅以升的两眼噙满泪花，直愣愣地望着天花板。他想像着文德桥下的惨景。他对小伙伴说：

"我长大了一定要学会造桥，为乡亲们造最结实的桥！"

"好啊，有志气！"父亲走过来摸着儿子的头，称赞他说。

从此，茅以升的头脑里几乎被桥占据了。有时大人带他外出，只要看到桥，不管是石桥还是木桥，他总是桥上桥下来回奔走，从桥面看到桥桩，兴趣盎然，流连忘返。他读古文，只要读到有关桥的句子或者段落，就立即抄在本子上；看见有桥的图画，就像看见珍宝一样地收藏起来。

有一天，祖父给茅以升讲"神笔"的故事，说古代有一位白发苍苍的老爷爷，他有一支"神笔"，用它画鸟，鸟能飞在天空上；用它画鱼，鱼会在水里游；用它画楼，楼房就拔地而起……

"要用这只神笔画桥呢？"听得入神的茅以升，打断了祖父的话，急切地问。

"桥就架在江河上呗！"祖父嘿嘿地笑着说。

"上哪儿去找这支'神笔'？"茅以升睁大眼睛，急不可耐地问。

"这可有个秘诀哩。"祖父故意显得很神秘。

"什么秘诀？您快告诉我，我要找到'神笔'，画结实的大桥！"茅以升拉住祖父的手，摇晃着，天真的恳求说。

祖父拿起毛笔，在茅以升的手心里写了"勤奋"两个字，然后语重心长地说："这就是'神笔'的秘诀。你掌握了它，学好了知识，什么大桥、高楼，都会从你的笔下设计出来……"

茅以升高兴地点点头，表示明白了祖父的意思："我懂了，现在要多练基本功。"为了掌握这支"神笔"，茅以升决心锻炼自己的记忆力。他每天清晨到河边去背诵诗文。江面上百舸争流也没能分散他的注意力。天长日久，茅以升的知识丰富了，记忆力大为加强。一天，祖父抄了首《东都赋》，他只看了一遍，就能全部背下来。但他并不满足，他看到祖父有一本圆周率的书，小数点后面拖着100位数字，于是就天天背圆周率以增强记忆力。

一次，新年到了，学校要开新年联欢会，同学们要他出一个节目。他爽快地答应了。结果他表演的是背圆周率，一直到小数点后的100位数字，背得滚瓜烂熟。同学们议论说："哇，茅以升背圆周率小数点后的100位数全对！记忆力真好！"

勤奋好学的茅以升，15岁考进了唐山路矿学堂。在那里学习的5年中，仅笔记他就记了900多万字。在学习中，他得出了一条经验，看一遍不如背一遍，背一遍不如写一遍；人的四肢、头脑越用越灵；相反，长时间不用就会长锈。1916年，他26岁时，以第一名的成绩考取了北京清华学堂招收的官费留美生。1年后，他获得美国康奈尔大学硕士学位。当时学校要留他当助教，茅以升婉言谢绝了，他立志要回国为祖国建造桥梁，这可是他从小的愿望啊！

回国后，茅以升为实现自己的理想辛勤工作。几十年里，他设计建造过无数大桥，在河流之上铺架了一条条美丽的"彩虹"。汹涌澎湃的钱塘江上的大铁桥，是他设计并领导施工的；雄伟的武汉长江大桥，也是他负责指挥、设计和施工的。巍巍大桥，倾注着他辛勤劳动的汗水。他成为我国数一数二的桥梁专家，为我国的桥梁建造事业贡献了毕生的力量。

李四光

李四光是我国著名的地质学家。

李四光原名李仲揆,1889年生在湖北黄冈一个教师家庭里。他们兄弟姐妹6个,仅靠父亲微薄的收入维持生活。李四光自幼在家里跟父亲学经书。

14岁那年,他听说省城武昌开办了官费的高等小学堂,便缠着父母要盘费前去投考。路上,他坐着小船,看到帝国主义的军舰耀武扬威,横冲直撞,便说:"他们这么欺负人,就没人管吗?"

那船老大说:"他们在军舰上支着大炮,清政府都不敢管,咱老百姓哪管得了?"

到了汉口,他看到城里有的建筑很古怪,便对船老大说:"这房子怎么这样古怪呢?"

"听说那是帝国主义的租界,连住在那边的中国人都由他们管。"船老大说。

帝国主义的侵略魔爪,深深刺痛了少年李四光的心。他立志要考上高等小学,学好本领,将来为中国人争气!

他匆匆忙忙赶到学堂,可因慌忙,不小心把报名表填错了,把年龄填在了姓名栏里。他填的是"十四",猛抬头看见大厅挂着的横匾"光被四表",灵机一动,改"十"为"李",又添上"光"字。这便成了他的终身姓名"李四光"。

入学后,他怀着科学救国的理想,刻苦用功,接连几年都是全校第一。由于成绩优秀,毕业后他被保送到日本留学。

到了日本,李四光考入大阪高等工业学校造船专业。他期望有一天,亲手建造兵舰轮船,把外国强盗赶出中国去。李四光剪掉了象征民族耻辱的辫子,发奋学习,像海绵那样吸收新的科学知识。

2年以后,他回家过暑假,但他大部分时间,都忙忙碌碌地跟泥土、石头打交道。他让妹妹帮他一起收集玻璃瓶。妹妹心想:破玻璃瓶子有啥意思,不大乐意帮这个忙。

"好妹妹,你帮着收集了,我给你买好吃的。"李四光哄着妹妹说,"这破玻璃瓶,哥哥可有大用途啊!"

一天下午,李四光手拿小铲、小锤,用书包装着瓶子离家走了,回来的时候,妹妹见他背着装得鼓鼓囊囊的书包,就兴冲冲地跑过去问:"哥哥,你给我带什么好东西呀?这么多呀!"

李四光不紧不慢地打开书包,拿出一个个装着泥土的瓶子。妹妹一看,扫兴地说:"哥哥,你装着泥土做什么呢?"

"我要仔细看看。"说完,李四光轻手轻脚地把瓶子排放在厨房的墙脚下。

妹妹嘟囔着说:"真怪,土还有什么好看的?"

"嘿,土里的学问可大啦,你看,"李四光指着瓶子,滔滔不绝地说,"这瓶子的颜色发红,它里面不知道含有什么成分;这瓶土颜色发黑,是熟土……"

什么熟土、生土,妹妹越听越糊涂。她发现哥哥的书包里还有东西,以为是好吃的。不料拿出来一看,是一些大小不一、颜色各异的石头块。

"这石头块一点也不好玩,哪都有,捡它做什么?"

"你忘啦？"李四光指了指他从日本带回来的挂在墙上的那张图说，"别小看石头，有不少石头里蕴藏着宝贵的矿藏呢。我想把这些石头做成标本。"

"得啦，石头就是石头，哪有什么矿藏呀？"妹妹不耐烦地说。

"你别急呀，这得慢慢查看才能知道。"李四光一面说，一面给石头贴上标签。

还有一件事，李四光更让妹妹不理解了。她发现，哥哥只要一有空，就细心地把碎玻璃瓶底敲下来，然后耐心地把棱角磨圆。到了晚上纳凉的时候，李四光就靠在竹床上，拿出磨好的瓶底，对着无垠的夜空观看。

"哥哥，你用瓶底看什么呀？"

"看月亮，看星星。"

"看到什么好看的东西了吗？"妹妹向哥哥要瓶底，"让我也看看。"

"还没有看见什么特别的东西，只不过星星好像大了一点儿。"李四光边说边把瓶底递给妹妹。

妹妹看了半天，模模糊糊的，除了月亮、星星确实大了一点儿外，什么新名堂也没有看出来，就低声地咕哝了一句："哥哥尽糊弄人。"

"哎，妹妹，你可不知道，我本来是想把它们当望远镜使的。"李四光连忙解释说，"书上写道，望远镜是用凸透镜和凹透镜做成的。这瓶底就是透镜。可惜我没有材料，做不成功。我多么希望能有一架望远镜啊！"说完，他长长地吐了一口气。

1905年，中国革命的先驱者孙中山先生从欧洲来到日本。8月13日，华侨和留学日本的学生1000多人在东京举行欢迎集会，李四光也参加了。孙中山先生说："……要想请皇帝为百姓做好事，'岂不是与虎谋皮？'……我们的宗旨是要彻底推翻清朝政府的封建统治。"

孙中山的演讲，使李四光很受启发。对呀，不光要学造船，还要干革命。

1905年8月20日，中国革命同盟会在日本正式成立，年仅16岁的李四光积极报名要求参加。有人问他："你这样小，也要参加革命？"

"是的，要革命，不要改良。"李四光果断地回答。

"那你能为革命干什么工作呢？"又一个人问李四光。

"凡是我能做到的，一定会尽力。"李四光毫不犹豫地回答。

孙中山先生满意地点点头，接受了这位年龄最小的同盟会会员。孙中山先生说："你要努力学习，将来为国家出力！"

从此以后，李四光除参加同盟会一些散发传单和送信的革命工作外，把大部分精力都用在求学上。

他在日本留学6年，以后又亲自参加了孙中山先生领导的武昌起义。辛亥革命失败后，他改学地质。祖国地大物博，他以此为专业，以实现祖国富强为理想。

新中国成立后，他全心投入祖国的建设事业。他以他的"地质力学"理论，考察和分析我国地质结构，为我国找到大面积油田和稀有金属做出了重大贡献。李四光是我国功勋卓绝的地质学家和"地质力学"的创始人。

驅逐韃虜

华罗庚

在江苏省金坛县一个石拱桥旁住着个商贩华老强。1901 年
11 月 12 日,华老强刚从外面收购蚕茧回来,就听到自家屋里传来
"哇"的一声,婴儿出生了,接生婆连忙向他道喜:"恭喜你啊,喜得
贵子!"并把白胖胖的儿子抱到他面前。

华老强乐呵呵地说:"你这小家伙还真来了,你爸昨天晚上还
梦着你呢!"说着,接过儿子放进箩筐,又把另一个箩筐反扣在上
面,自言自语地说:"进箩避邪,同庚同岁,给你取个吉利的名字,
就叫罗庚吧。"装在这破烂不堪的箩筐里的孩子,就是驰名中外的
数学家华罗庚。

华罗庚小时候,家里很穷,爸爸常常是满怀希望出去收购,总
是垂头丧气地担着空箩筐回来。他的小杂货铺很不景气,一天,
他又没有收购到任何东西,唉声叹气地说:"这日子真是没法过。"
说着顺手拿起一本学算命的书《子平命理》。

"天干、地支、年、月、日、时、八字……"他摇头晃脑地念着,
唉,这东西怎么这么难记,"罗罗,还是你来背。"

"爸爸,我一定把它全背下来,会算命,就能给家里挣钱了。"
华罗庚天真地说。

可算来算去,怎么八字一样的人,命运却有好有坏呢?都是
骗人的鬼话,聪明的华罗庚看出了破绽。

父母也知道算命书都是骗人的。妈妈说："孩子,还是到学堂多学点知识,长大了才会有出息!"华罗庚记住了妈妈的话,学习非常认真,在各门功课里,他最喜欢数学。

有一天,在自家杂货铺的柜台上,他又专心致志地做数学题,有人来买烟。

"罗罗,买根烟。"

华罗庚一点也没有听到,那人又喊了一声:"买烟!"爸爸听见了从里屋走了出来,忙给来人拿烟。

"你这孩子,读这些书有什么用,不帮你爸爸做生意,真是的!"那人很不高兴地说。

华罗庚一声不响,埋头继续做他的作业。爸爸也埋怨道:"真是个书呆子!"

华罗庚上初二了。一天,数学老师给同学们说:"今天,我给大家出一道难题,看谁先解出来。"同学们都睁大眼睛,竖起耳朵。

"今有物不知其数,三三数之剩二,五五数之剩三,七七数之剩二,问物几何?"老师摇头晃脑地说出了难题。

"老师,这数是23。"华罗庚马上站起来回答。

老师惊奇地问:"你懂得神机妙算?知道韩信点兵吗?"

"不知道。"华罗庚老实地说。

老师就给大家解释说:"这是我国古代数学的一个问题,直到现在,外国教科书上还命名为'中国剩余定理',也叫'孙子定理'。"同学们一个个听得十分入神。老师讲完后,又把目光落在华罗庚的身上。

"华罗庚,你能跟大家讲讲,你是怎样算出来的吗?"

"一个数,3除余2,7除也余2,那一定是21加2,21加2就等于23,不刚好5除余3吗!"华罗庚说得头头是道,老师用赞许的目光看着华罗庚。

"不错,分析得有道理,大家听懂了吗?"同学们都点点头。

下课了,大家议论纷纷,"想不到罗罗还破了难题!""看他平时成绩也不怎么样吗!"

华罗庚沉默不语,只有他自己知道,为了学好数学,他会忘掉吃饭、睡觉,那是付出了辛勤劳动的啊!

华罗庚常利用业余时间帮助爸爸干点零活。一次,华罗庚跟着爸爸去收蚕茧,忙乎一阵子,爸爸却愁眉苦脸,华罗庚不解忙问道:"爸爸,你怎么啦?"

"唉,这账是怎么搞的,无论如何算,两本账都对不上,要差上几千块钱呢!"爸爸说道。

华罗庚说:"爸爸,让我试试看。"

"算了,不要在这里班门弄斧啦!"爸爸不相信说。

不一会儿,他对父亲说:"爸爸,我算出来了,账货是对的,一分也不差。"爸爸忙检查了一遍,笑着说:"你可是帮了爸爸的大忙了。"

有一次,华罗庚看了大学教授苏家驹解的一道题,他把这道题认真解析了一遍,觉得有错,1930年他就提笔写了一篇文章《苏家驹之代数的五次方程式解法不能成立的理由》,在上海《科学》杂志上发表了。

当时华罗庚是一个小杂货铺的小店员,这可真是鲁班门前抡大斧啊!可清华大学数学系主任熊庆来教授慧眼识真金,马上把华罗庚请到了清华大学。

1931年夏天,华罗庚来到了清华大学,担任了数学系助理员,白天忙完他的工作,晚上的时间就用在读书上了。他读书特别快,许多同学都感到十分纳闷,一本厚厚的书,两三个晚上他就读完了。同学们决定去探个究竟。

一天晚上，他们悄悄来到华罗庚的窗前，只见华罗庚看了几页书，合上书，眼睛盯着封面，就关灯了，难道这本书他就读完了？大家为了解开这个谜，继续观察着。

过了好一会儿，华罗庚拉开灯，再看看最后几页，满意地笑了。接着，又拿起另外一本书……同学们实在忍不住了，一哄而上，要求华罗庚介绍学习经验。华罗庚认真地说："看每一本书，都必须抓住主要环节，独立思考，自求答案，如果自己得出的结论与书中的一致，就不必每页必读了，因为理解的东西，比记忆的知识更深刻。这样就可以加快速度，读万卷书啦。"

华罗庚就是用这种方法在一年半内，读完了大学数学专业的全部课程的。

熊庆来教授认为，华罗庚是一个才华横溢的青年，他在数学方面具有敏捷的思维、独特的见解，是一个不可多得的人才。于是破例推荐华罗庚加入了大学教师的行列，要知道，华罗庚当时手里只拿着一张初中毕业证书。人们都称赞他："自学成才，无师自通。"许多年轻人都纷纷向他请教成材的秘诀。

他说："中国有句老话：'班门弄斧，徒贻笑耳'。可我却认为，弄斧必到班门，只有不畏艰险，勇于实践，才有可能去攀登别人没有攀登过的高峰。"

这就是华罗庚成材的秘诀。

苏步青

1919年的一个上午，一位衣着朴素、丝毫不引人注目的中国青年走进日本一所名牌大学的考场，和其他考生一样，他要通过激烈的竞争，考取这所大学。他接过考卷，浏览了一遍，然后开始专心致志地答卷，他只用了1个小时，就把要求3个小时做完的试题，全部准确无误地完成了。监考老师惊得目瞪口呆：这是个中国学生呀，中国有这么聪明的学生？这个学生，就是后来成为我国著名数学家的苏步青。

苏步青出国留学，为的是寻一条救国救民的道路，他以优异的成绩，考入了那所名牌大学的电机系。毕业后，又以第一名的成绩，考进了世界闻名的日本东京帝国大学数学系。毕业后因成绩特优，被免试升入研究院当研究生。几年中，他在日本、美国、意大利等国的数学刊物上，连续发表了40多篇研究论文，被数学界称为"东方国度上空升起的灿烂的数学明星"。

他"读书不忘救国，救国不忘读书"。紧张的学习和研究没有使苏步青忘记自己的祖国，相反，在研究之余，他想得最多的恰恰是自己的祖国。每当遇到困难，他想：比起在水深火热中挣扎的人民，这算什么？每当取得成就，他眼前就浮现出祖国母亲脸上带着欣慰的笑容，从而备受鼓舞，更加勤奋。

1931年，苏步青从研究生院毕业，获得理学博士学位。在日本，他是获得这个学位的第二个外国人。消息一传出，日本的一些名牌大学，争着要用高薪聘请他任教。

苏步青没有接受任何一所大学的聘请，因为他知道，最需要自己的地方是生他养他的祖国。他虽然已经长成了一株枝繁叶茂的大树，但他明白，自己的根，深深扎在祖国的土地上。苏步青决心已定，执意回国。他的一些老师、同学闻讯赶来，竭力劝他留在日本，千万不要回国。有人说中国正在军阀混战，乱糟糟的，一塌糊涂，哪有潜心研究科学的环境，你回了国，就等于断送了个人的锦绣前程。有人说你已经和日本的松本米子小姐结了婚，还有了两个孩子，全家人在日本过得幸福和美，你一个人回去，岂不搞得妻离子散？众人的劝阻，事业和家庭的压力，和他心中另一股力量相抵触。他在考虑，自己出国留学的目的是什么？不就是为了报效祖国吗？今天，自己掌握了学识，有了才智，难道就凭这些而留在异国，对祖国发生的一切袖手旁观吗？不，不行。

苏步青摆脱了各方面的阻力，忍痛告别妻子儿女，毅然回到了离别12年的祖国，在浙江大学任教。

当时，国内生活异常艰苦，学校经费短缺，勉强能维持教学。老师们的工资极低，有时候三四个月过去，苏步青领不到一分钱，只有靠借债度日。那时的他，如果想回日本还是很方便的，因为他的妻子儿女还在日本。但他没有那样做，却千方百计，把妻子和两个孩子从日本接到自己身边。生活更加困难了，但是，苏步青认为自己是选择了一条光明的道路，和祖国一起迈向光明的道路。

1937年，抗日战争爆发了。祖国处在民族危亡的严重关头。就在这个时候，苏步青接到一封特急电报，原来是日本东京帝国大学聘请他去那里任数学教授，各种待遇都很优厚。面对这些，苏步青没有动心。

不多久，又收到一封来自日本的特急电报，他的岳父松本先生病危，要苏步青夫妇火速前去见最后一面。面对优厚的待遇，他可以不动心，但是这沉甸甸的亲情却使他倍觉沉重。他一向敬重岳父大人，妻子松本米子也和父亲感情很深。何去何从？苏步青很明白在日军疯狂侵略中国的时候去日本，那是很难再回来了，而自己，为祖国做的还太少，太少。经过一番思索，苏步青决心留下，他对妻子说："你回去吧，我要留在自己的祖国。祖国再穷，我也要为她奋斗，为她服务。"

妻子被丈夫火热的爱国激情感动了。她毫不犹豫地回答："你不走，那我也不走了，我跟你留下来。"

事后，苏步青自豪地说："我又一次选择了正确的道路，这是一条不当亡国奴的道路。"

全国解放后，苏步青曾担任复旦大学校长等职务，还当选为中国科学院学部委员。几十年来，他写下了大量的数学论文和专著，为祖国的科学教育事业做出了卓越贡献。

邓稼先

在科学技术高度发达的今天,一个国家是否拥有战略核武器已成为衡量国防力量的重要砝码,而我国正是为数不多的拥有者之一。中国人任人欺凌的时代结束了。我国物理学家邓稼先为原子弹的研制立下了汗马功劳。

解放前,邓稼先从昆明西南联合大学物理系毕业后远涉重洋到了美国。在印第安纳州普都大学获得博士学位。1950年同200多位中国留学生一起,冲破种种阻挠回到祖国,那时他才26岁。当这位"娃娃博士"出现在钱三强、彭桓武、王淦昌等刚从欧美各国归来的前辈面前时,大家都为中国物理学界又注入了新鲜血液而感到高兴。

1958年秋季的一天,当时第二机械工业部的一位负责人找到邓稼先说:"小邓,我们要放个'大炮仗',这是国家绝密的事情,想请你参加,你看怎么样?"接着又严肃地说:"这可是光荣的任务啊!"邓稼先心里明白,这是要让他参加原子弹的研制工作。面对这艰巨、光荣、关系重大的事情,他一时不免有些惶恐、胆怯。"啊,研制原子弹!我能行吗?"

这天晚上,邓稼先彻夜未眠。他想到自己将要从事的工作属于国家高级机密,不能告诉家人,以后不可能长年和妻子、孩子生活在一起。他有些惆怅,有些激动,对妻子怀着深深的歉意。但他想，完成这项工作，这一生该多有意义，就是为此而死也值得！
"七七事变"时日本侵略军在卢沟桥的炮声，似乎还在耳边回响。
一个国家没有自卫能力，必然任人宰割，老百姓没有活头。100余
年来受人欺凌的祖国也要研制战略核武器了。邓稼先回忆往事，
展望祖国前途，无法抑制内心的喜悦和激动。

从此，邓稼先作为一个在国内外崭露头角的优秀青年物理学
家，为了这项绝密的工作而在物理学界销声匿迹了。干这项工作，
一没有名，二没有利，只能甘心当无名英雄，做出科学成果也不能
发表论文。

作为原子弹理论设计的负责人，他的工作是从改造荒凉的土
地开始的。他报到后做的第一件事，是换上工作服当小工，同建
筑工人一起挖土，推车，和泥，盖房子，核武器设计院是真真正正
在他们自己手中诞生的。

在这时的中国还没有谁造过原子弹，也就无所谓什么权威。
苏联又撕毁了协议，不再援助中国，专家全部撤走，国外的资料也
被严密封锁。邓稼先只能先培养人才，他一面备课，一面讲。青
年人叫他邓老师，他说"你们甭叫我邓老师，咱们一块儿干吧！"
有时，他备课到凌晨4点多，在办公室里睡两三个小时，天亮了继
续工作。每天晚上，大学生们都聚集在办公室里看书。邓稼先虽
然有妻子，有孩子，但别人学到几点，他也工作到几点。每到深夜，
年轻人都愿意送他回家，这时，用铁丝网围着的宿舍的大门早已
关了，常常是他先爬过铁丝网，年轻人再把自行车递过去。

又是一个深夜，别人都已进入梦乡，静静的楼里只有他的脚
步声。当他走进楼道时，一下愣住了——孩子居然睡在楼道里。
一定是妻子上夜班，孩子放学晚没钥匙进不去门。看着孩子那瘦
小的身躯缩成一团的样子，他一阵心酸，自己什么时候照顾过妻

子与孩子？他打开门，把孩子抱到床上。沉重的自责使他久久不能入睡。可是第二天清晨，他又急匆匆地奔研究设计院而去，什么个人的事，家庭的事都顾不上考虑了。在那些日子里，他的全部心思都在工作上，走在路上还想着原子弹，有一次竟连人带车掉到了沟里……

1964年10月16日下午3时，蓦地一声巨响，浩瀚的戈壁滩上冉冉升起了烈焰翻滚的蘑菇状烟云。这震撼世界的惊雷向人们宣告：中国人靠自力更生，拥有了自己的核力量！

第一颗原子弹爆炸成功之后，邓稼先激动的心情还没有平静下来，一件难度更大的工作——研制氢弹的任务又落到他和其他科技人员肩上。寒来暑往，年复一年，他带领奋战在研究工作第一线的科技人员忘我地工作，过了整整10年的单身生活。大戈壁上的风刀霜剑，染白了他的鬓发，在他脸上刻下了深深的皱纹。

长年累月的紧张工作，使他的健康状况愈来愈差，而他自己却从不在意，以致多次在试验现场昏倒。1984年冬天，一次核试验前，他从帐篷出来往试验场去，步履艰难地在雪地上走着。忽然，他走不动了，对前面走的人说："你们架我一下，架我一下！"说完，气喘吁吁地趴在了别人肩上。原来，在这之前他已经腹泻了好几天，又加上患有低血糖病，平时虚脱了，吃几块糖，喝口水，又接着工作，这时终于站不住了。

这就是邓稼先，一个默默地把生命献给祖国的人。

陈景润

　　20 世纪 30 年代初期，蒋介石窃取了国民党的大权，全国上下邪恶势力非常嚣张，恶霸地主、土匪一个个逍遥放荡，吃喝玩乐；而穷人们则过着衣不遮体、忍饥挨饿的日子，在福建省福州市有一个叫闽侯的小城镇，此时同样是灾难深重。1933 年 5 月 22 日，陈景润就出生在这里，他的父亲是一个邮电局的小职员，父亲陈元俊看着刚刚出世的瘦小婴儿，唉声叹气地给儿子取了个叫景润的名字，意思就是希望日子能过得好些。

　　陈元俊又添了儿子，他的同事们都围着他贺喜，而他却只有满腹惆怅。小景润可不知道父母心中的苦衷，一天到晚不停的哭啊！闹啊！妈妈只好把她干瘪的乳头塞进他的嘴里，小景润拼命地吮吸着，可本来就瘦削多病的母亲根本没有什么奶水，于是，家里时刻都是小景润揪心的哭声。

　　小景润在饥饿中一天天长大，在他 5 岁时，全家搬迁到三明市，他的父亲成了一个邮电分局的局长，可是，由于家里又增添了几个孩子，所以还是吃了上顿缺下顿。平时妈妈害怕陈景润在外出事，很少让他到外面去玩。有一天，外面的猴戏耍得太热闹，小景润忍不住闹着要去看。

　　"妈妈，我想去看一下猴戏，好吗？"小景润央求道。

　　妈妈担心地说："外面太乱了，不要去。"可小景润一再缠着妈妈，妈妈只好同意。

不一会儿，小景润就哭着回来，"妈妈，我怕，外面警察抓人啦！"

妈妈紧紧搂住被吓得浑身发抖的儿子。

陈景润在这种令人心惊胆战、惶恐动荡的年月里度过了他的童年。他的那种沉静、孤僻的性格就是在这样的环境中形成的。

当他7岁时，父母送他进了学校。由于他瘦小屠弱，班里几个有钱家的孩子经常欺负他。

有一天，他们又把他打得鼻青脸肿，回到家里，妈妈心疼地说："谁又把你打成这样，这样下去，不被别人打死才怪！"

爸爸也气愤地说："算了，别上学了，免得受这份气。"

小景润哀求父母："爸，妈，我一定要去上学，只有听老师讲课，才是我最愉快的事，我小心一点就是了。"

的确如此，只有听老师讲课和做作业，才是陈景润最大的乐趣。数学老师常当着全班同学表扬他："大家要向陈景润学习，他的数学作业思路清晰，解题方法也非常独特、简洁。"

同学们都对他投来羡慕的目光，他的信心也更足了。在所有的课程中，他对数学特别喜欢，随着年龄的增长，他对数学的热爱，也与日俱增，只要遨游在代数、几何、三角的解题过程中，他能够忘却所有肉体和精神上的痛苦。

陈景润平时少言寡语，但非常勤学好问。为了深入探求知识，他主动接近老师，请教问题或借阅参考书。为了不耽误老师的时间，他总利用下课后老师散步或放学的路上，跟老师一边走，一边请教数学问题。

他自己说："只要是谈论数学，我就滔滔不绝，不再沉默寡言了。"

一个春天的中午，打过放学铃后，学生们拥挤着走出教室，回家吃饭。陈景润不紧不慢，走在最后。他从书包里拿出来一本刚从老师那儿借来的教学书，边走边看。他眼睛紧盯在书本上，一会儿也舍不得离开，脑子里装的都是书上的内容，别的什么也顾不上想了。那神态，就像一个饥饿的人扑到面包上，大口大口地吞吃着。他只顾专心致志地看着书，沿着那熟悉的道路下意识地往家走，脚底下却慢慢偏离了方向，不知不觉朝着路边的小树走去。只听"哎哟"一声，他撞到了树上。陈景润推推眼镜，点着头连连说了好几声"对不起"。

他见对方没有动静，以为人家被撞疼了，生了气，抬头仔细一看，原来是棵树。

"哎，怎么会走到这里来，"他自言自语地说道。然后，他又捧着书本往前走去。

这一幕，被几个班里的调皮鬼看在了眼里。从此，陈景润又多了一则惹别人取笑的笑料。

陈景润升入初中时，正是抗日战争爆发初期。江苏省一所大学也从沦陷区迁到这偏僻的山区来了，大学的教授和讲师也来本地初中兼点课。其中有一位数学老师，使陈景润的人生之路发生了根本的转折。这位老师的名字叫沈元，曾经是清华大学航空系的主任。由于抗战爆发，逃难来福建，靠教书养家糊口。解放后，他是北京航空学院院长、中国航空学会的理事长。就是这位航空界的泰斗，以他渊博精深的知识、诲人不倦的精神，给陈景润深深的影响。

有一次，沈元老师向学生讲了个数学难题，叫"哥德巴赫猜想"，教室里成了开了锅的水，学生们叽叽喳喳地议论起来了。他最后又说了一句话：自然科学的皇后是数学，数学的皇冠是数论，而哥德巴赫猜想则是皇冠上的一颗明珠！

陈景润被震惊了，"'哥德巴赫猜想'、'数学皇冠上的明珠'，我能摘下这颗明珠吗？"他心里暗暗地想，可是不敢作任何的外露，因为他是内向的人。

无论何时何地，只要一进入数学王国，陈景润的一切痛苦都被抛到九霄云外，他靠着超人的毅力和对科学的奉献精神，他成功了！

1973年2月，陈景润终于发表了关于$(1+2)$简化证明的论文——"陈氏定理"，立即轰动了世界数学界，专家们给了他极高的评价："陈景润搬动了数学上一座大山！"

"陈景润已经把数论推到了一个光辉的顶点！"

"陈景润对'哥德巴赫猜想'的研究，已经达到了世界领先地位，离$(1+1)$只有一步之遥了。"

林巧稚

金色的10月,是北京最美的季节。蔚蓝的天空一碧如洗。田野里,到处是成熟的庄稼,到处是收获的景象。

1921年10月下旬一个星期六的下午,一辆大汽车载着一群学生,载着歌声与笑声,欢快地直奔北京西郊的卧佛寺而去。他们是协和医科大学的学生,9月份刚刚入学,按惯例10月又到了学校组织秋游的时间了。此刻,林巧稚就在车上,和同学们一起享受着快乐的时光。

协和医科大学是美国洛克菲勒基金会在中国办的一所医学院。这所学校有着优越的教学、科研条件,旨在培养高等医学人才,所以招生制度非常严格。在林巧稚报考的那一年,全国只招30人,林巧稚正是凭着自己的优良素质跻身于那30人当中的。协和的淘汰制度是十分严格的,75分才算及格。1门主课不及格,留级;2门主课不及格,除名。绝对没有什么商量的余地,更没有什么补考的机会。

同学们都知道自己学习的机会得之不易。优秀的学生聚集在一起,竞争是激烈的。入学伊始,每个同学都像是上紧发条的钟表,抓紧分分秒秒,投入紧张的学习。可是,在入学1个多月后的这次秋游中,带队老师却宣布不准带书;林巧稚便真没有带。她的习惯是,学习时就集中精力学,玩时就痛痛快快地玩。秋游的第一天，他们游览了卧佛寺，第二天又去香山赏红叶。在一起游玩2天后，刚认识的同学都熟悉了，傍晚回到住地，大家都打开话匣子，开怀畅谈。当同学们谈兴正浓时，一个男生起身走开了，躲在一个角落里，在昏暗的灯光下读起外语来。林巧稚眼尖，又心直口快。"哎，老师不是不让咱们带书吗？怎么该玩的时候了你还这么用功啊！"

"哼，说得好听，"那位同学在给自己打圆场，"谁没带书！"

"我就没带。"林巧稚理直气壮，毫不示弱，"敢打赌吗？"

同学们哄堂大笑。那位同学还不肯认输："我们男生跟你们女生不一样。"

"怎么不一样？"林巧稚咄咄紧逼。

"怎么不一样……"那位男同学一时找不到适当的词语，"你们女生随便念念就行啦。"

"为什么？哼，不要总认为男生行，女生不行！"林巧稚很不服气。

那位男生问："敢比比吗？"

"比就比！"林巧稚说完，拉起几位女同学的手，"你们男生考100分，我们就要考110分！"

笑声中，林巧稚洒脱地接受了挑战。也许别人把这当成愤激时的玩笑话，而她却十分认真地把这看作自己当众宣布的誓言。林巧稚决心用自己的行动，打破世俗对女人的偏见。

秋游回校后，同学们都开始了争分夺秒的学习，谁都不想在竞争中被淘汰。学校的管理制度非常严格，每天晚上9点，舍监点名，大家准备就寝。10点钟，全部熄灯，不睡也得睡。但是，一过12点，总电闸又合上了。林巧稚有着旺盛的精力与强烈的求知欲，为了延长自己的学习时间，她想出一个好办法。她常在12点以后起来,把电灯罩上纸,蹑手蹑脚地下床,悄悄地继续学习。为了避免把同宿舍的人吵醒,她动作轻到了极点。冷了,披条毯子,饿了,就啃几口烤白薯。她心里只有一个念头:得拼!不能落在男同学后面,不能在竞争中被淘汰!记住自己当众宣布的誓言!在这场学海竞舟中,林巧稚鼓足了自己的风帆。林巧稚不是死啃书本的书呆子。课余时间,她打篮球,听讲座,读小说,参加社团活动。这些课外活动扩大了她的视野,开阔了她的思路。

期末考试后,老师该宣布成绩了,同学们静静地等待着,有些人脸上露出不安的神色。其他科目林巧稚都考得相当出色,但生物成绩里却没有她的名字。她有些发慌,难道不及格?不会吧。正想着,老师取出一份试卷说:"这是林巧稚同学的试卷,她的成绩最好,98分。不仅题答得正确、清晰,而且别出心裁,有所创造。大家看——她画了一张图,帮助说明问题,这创造性的方法,值得大家学习。"所有的同学都向林巧稚投来敬佩的目光,男同学们对这位好胜的女生也刮目相看了。

8年过去了,入学时的30名同学到毕业时只剩了16位,其余的都被淘汰了。在这场激烈的竞争中,林巧稚一路领先,以优异的成绩完成学业,并且获得了仅有1个名额的文海奖学金。

这位好胜、勤奋的姑娘,以自己的行动在竞争中实现了誓言。

林巧稚先后在协和医院、北京中和医院、中国医学科学院、首都医院任职,长期献身于妇产科的医疗、教学和科学研究工作,成为知名的妇产科专家。

竺可桢

1890年3月7日,竺可桢生于浙江省上虞县东吴镇。竺可桢自幼勤奋好学,善于思考。他两岁时就开始认字,7岁时就能吟诗。有一次,竺可桢随父亲上街,看见一布店的牌匾,父亲问他:"认识这些字吗?"

竺可桢摇摇头,说不认识。

"你知道这是什么店吗?"

"知道,这是恒生布店。"竺可桢答道。

"对,牌匾上的字就这么念。"

这一下,小竺可桢可来了兴趣。他每次随父亲上街,总是连问带猜,没有过多长时间,就把家乡东关镇街上的牌匾认遍了。

一个下雨天,竺可桢站在屋檐下躲雨,他饶有兴趣地数着屋檐上滴下的雨滴,"1、2、3……"他突然发现在每一个水滴的落地处,石板上都有一个小坑坑。小竺可桢马上回去问妈妈,石板上为什么会有小坑坑。妈妈意味深长地告诉小儿子说:"看起来一个小水滴没有什么力量,但长年滴下去,就连石头也能砸出坑!这就是'水滴石穿'的道理。无论做什么事情,只要持之以恒,就一定能做成!"

竺可桢的妈妈是一个有心人,她非常注意保护儿子的好奇心。她认为,一个小孩要是什么好奇心都没有,对什么事物都觉得很平淡，那他长大以后就不会有什么发明创造，也不可能做出什么大事来。到头来只不过是一个庸人而已。于是，她十分巧妙地回答了儿子提出的疑问。

妈妈这一席话，使竺可桢深受启发，深受教育。自此以后，他读书学习的毅力就更强了。后来，他以优异的成绩考取了赴美留学，在国外，学业有成，获得博士学位以后，他又抱着"科学救国"的美好憧憬返回祖国，潜心从事气象科学研究。

在30岁时，竺可桢为了取得第一手的研究素材，他开始写物候日记，详细记载周围大自然事物随季节变化而产生的各种变化。例如，春天到了，冰雪何时开始融化，柳树何时开始发芽，燕子何时归来等等。自然界的万物万事，都成为竺可桢记载的对象。寒来暑往，冬去春来，竺可桢的物候日记越来越多。他坚持记了50多年的日记，积累了800多万字的有关物候的珍贵资料。经过几十年的潜心研究，依据所记载的大量实事，厚积薄发，1973年，年过八旬的竺可桢发表了题为"中国古代近5000年来气候变迁的初步研究"的论文，否定了当时国际气象学界盛行的"气候不变"的形而上学观点。他以丰富的科学资料，总统论述了中国历史各阶段的温度变化，证明了我国5000年来，气温不但在一年中的不同季节有差异，而且年与年之间也不相同，这种变化有一定的周期性。不仅中国，这种气候变具有世界性，当气候变冷时由东向西转移，当气候热时由西向东行。

竺可桢的这一发现在国内外气象学界引起了强烈反响，博得了高度评价，由此，"物候记载"这把钥匙打开了气候变迁神秘的大门，人们开始科学地认识各种气候现象。

陈念贻

陈念贻 7 岁那年"七七事变",日本侵略军大举进攻中国。当时,日本飞机天天来轰炸,爸爸妈妈带他跑防空洞躲飞机。一次,炸弹在陈念贻家不远处炸了一个大坑,死了不少人。不久,日军就占领了他住的城市,杀人放火。爸爸妈妈带他逃到乡下,生活越来越苦。他问爸爸:"为什么中国人总受外国人欺负?"

爸爸说:"因为中国人不懂科学,不会造飞机大炮,只好受人欺负。"听了爸爸的话,陈念贻想:长大了要做个科学家,让中国人也会造飞机,那该有多好呀!他看了一些小朋友写的科学家传记,知道科学家都是刻苦用功的人,他想:我也要用功学习!

陈念贻 12 岁那年,哥哥考取了辅仁大学化学系,他拿几个玻璃瓶,在家里做化学实验。陈念贻看着看着,就入迷了。那简直像变魔术一样。亮晶晶的铁钉子,扔进瓶子中不一会儿就溶化在水一样的盐酸里,坚硬的钢铁变得无影无踪了;还冒出一种气泡,充进气球里就做成了"氢气球",会自己飞到天上去!明明是一瓶"红墨水",加了两滴碱溶液就变成了"蓝墨水"了!在哥哥做实验时,他多么想自己也动动手呀!可是哥哥嫌他小,怕出危险,不许他动手做。

于是陈念贻就着迷似的看化学书。从这些书里,他才明白:化学不仅"好玩",化学的用处可大啦!造飞机用的铝和镁,开飞机用的航空汽油,都要靠化方法做呀!这时陈念贻又想起挨日本飞机轰炸的事,就立志长大做个化学家,要会炼铝、炼镁,还要学会制造汽油,整天和神奇的化学打交道,那多么有劲呀!

就这样,他利用课余时间,一口气念完了初中、高中化学教科书,还学了不少化学游戏知识,他凑了几个空墨水瓶、汽水瓶,向哥哥姐姐要了点硫酸,又用过年大人给的"压岁钱"买了一点石灰、碱和几种药液,就在煤球炉子上做起心爱的化学实验来了!真高兴啊!

为了实验,他想了不少"土办法":没有石蕊试纸,就用凤仙花、牵牛花代替,它遇到酸、碱也能变颜色;没有天平,就用马粪纸、铁丝造一个,听说一分钱的铝币是一克重,所以一分钱就成了他的砝码了。用碱加石灰加水,可制氢氧化钠,加一块铝币就能冒出氢气。他还用碱加石灰造氢氧化钠,加花生油煮成肥皂……

就这样,一边看书,一边试验。家里书不够读了,星期天一清早就带块窝窝头,到8里以外的图书馆看书,抄书。图书馆管理员也渐渐地注意他了,她好心地偷偷借几本书让他回家看。

有一次,一位北京大学化学系学生来陈念贻家玩,她是他姐姐的朋友。她看到陈念贻这样喜爱化学,就带他到北京大学化学系旁听。老师、同学都送他化学药品,他觉得自己真成了小"化学家"了!可是不久以后他就懂得,要真正成一个化学家,可不是那么容易的事情。

北京大学化学系图书馆有一屋子化学书,中文的没几本,大部分是英文、德文、日文,他不懂外文,没法看。还有,化学中也有理论,要学会微积分才能懂,可他不但不懂微积分,连代数、几何还没学好呐!

这时陈念贻才明白，不学好中学各门课程，就不能成为大学生，更不用说当化学家了！

陈念贻16岁那年，下决心用一年半时间自学中学课程，然后考大学，当一个"真正的"化学系考生。17岁，陈念贻真的考取了清华大学化学系。4年后，他大学毕业，分配到中国科学院工作，真的研究起炼铝来。那时正是我国解放后开始社会主义建设的火红的年代，我国第一个炼铝厂正在兴建，他在老科学家指导下，为我国炼铝工厂解决了一批技术问题。当听到我国第一个喷气式飞机工厂顺利投产的消息时，陈念贻感到小时候的愿望真的实现了！

钱学森

"我一直相信，我一定能够回到祖国的，今天，我终于回来了！"这是一位中国科学家，在1955年10月8日从美国回到广州时，对接待他的中国旅行社的同志所说的第一句万分感慨的话。

他就是我国著名力学家、核物理学家和火箭专家钱学森。在他的生命中，有一段不同寻常的经历。

1934年，钱学森考取了清华大学留美公费生，到美国研究航空工程和空气动力学。后来，他与久负盛名的空气动力学教授卡门合作，共同创立了著名的"卡门—钱学森公式"。

1945年，钱学森作为美国赴德国考察科学的顾问团成员，被美国军方授予上校军衔。钱学森详细考察了德国的航天技术，回来后做了十分精彩的报告，得到了美国空军司令的通令嘉奖。

两年后，经卡门教授推荐，36岁的钱学森成了麻省理工学院最年轻的终身教授。虽然身居海外，但钱学森的心却一直向着祖国。当1949年10月1日第一面五星红旗飘扬在天安门广场上空时，钱学森激动不已，恨不得插翅飞回祖国，去参加建设新中国的战斗。

建国后的第五天就是我国民族的传统节日——中秋节。在这天晚上，钱学森邀请了十几名中国留学生，欢聚在加州的一个街心公园里。"每逢佳节倍思亲"，仰望皎洁的圆月，离乡的游子们倾诉着思乡的情怀，深为祖国获得新生而欢欣，对祖国的前景充满着憧憬。钱学森对大家说:"我们都要争取尽快回国,人民的新中国非常需要我们,需要我们用自己的专长为国家建设服务。"钱学森的爱国之情感染了在场的留学生,他们之中有的人本想长期留在美国,但在钱学森的影响下,也毅然改变了主张,决心回到祖国去。

正当此时,朝鲜半岛燃起了战争的烽火。挑起这场战争的美帝国主义,在它的国内,也掀起了疯狂反对共产主义的恶浪。由于钱学森所在学院的马列主义小组书记威因鲍姆被捕,美国联邦调查局也怀疑到了钱学森身上。1950年7月,美国军方没收了钱学森参加机密研究的证书,剥夺了他研制火箭的工作权利。钱学森受到了不断的追查和盘问。他无法忍受这一切,决定以探亲为由立即返回自己的祖国,而且准备就此一去不返。钱学森在五角大楼向主管研究工作的海军次长金布尔严正声明自己要立即回国。金布尔听后,大吃一惊,他对手下人说:"钱学森无论放到哪里,都抵得上五个师。"他害怕钱学森回到中国后,会促使中国的航天事业赶超美国。

钱学森刚离开,金布尔就急忙抓起电话,将这一情况通知移民局,并咬牙切齿地嚷着:"我宁可把他枪毙了,也不让这个家伙离开美国!"这年8月23日深夜,钱学森一家从华盛顿飞到洛杉矶,准备从那里飞离美国。不料刚下飞机,就被移民局的一位官员模样的人拦住了。那个人从皮包里掏出一份"文件",只见上面写着:根据法律,钱学森不能离开美国。接着,美国海关非法扣留了钱学森的全部行李,并造谣说:"在钱学森的笔记本里,藏有重要机密。"钱学森被迫回到加利福尼亚理工学院。他和全家的活动都处在严密的监视中。几天后,钱学森被联邦调查局逮捕,押送到移民局的拘留所中,罪名是"企图运送机密文件回国"。

在拘留所里,钱学森被当作囚犯,遭到百般折磨。每天夜里,特务每隔 1 小时把他叫醒一次。吃不好,睡不安,钱学森在 15 天里体重减轻了 30 磅。

美国当局对钱学森的迫害,引起美国科学界的公愤。加利福尼亚理工学院的师生和钱学森的老师冯·卡门以及一些美国友好人士,向移民局提出强烈抗议。他们一齐出面营救钱学森,为他找辩护律师,并募集了 15000 美元保释金。在强大的舆论压力下,钱学森才被保释出来。但是,钱学森的行动仍旧受到特务监视,他不能离开他所居住的洛杉矶,还定期受到查问。为了减少麻烦,钱学森停止一切交往,闭门不出。钱学森就这样度过了 5 年失去自由的生活。然而,他挚爱祖国的赤子之心更加炽热,他日夜思念自己的祖国,坚持斗争,不断向移民局提出离开美国的要求。

钱学森要求返回祖国的斗争,也得到了祖国的关怀和支持。1955 年 8 月,中美两国开始大使级会谈。王炳南大使按照周总理的授意,以钱学森秘密寄回祖国要求回国的信为依据,与美国交涉,迫使美国政府允许钱学森离开美国。

1955 年 9 月 17 日,钱学森和夫人及两个幼子乘美国"克利夫兰总统号"邮轮,从洛杉矶启程回国。面对波涛汹涌的大海,钱学森心潮澎湃:"啊,大海! 大海那边是故乡……"经过 20 多天的海上航行,邮轮到达广州。钱学森终于踏上了祖国的土地,脸上绽放着幸福的笑容。从此,他全身心地投入到祖国的科研工作中去。他为我国的科学事业做出了重大贡献。1970 年,我国成功地发射了第一颗人造地球卫星;1980 年 5 月,我国又向太平洋预定海域发射了第一枚运载火箭。这些振奋人心的消息传遍了五洲四海,美国电台称钱学森为"中国的导弹之父"。1991 年,钱学森又荣获"国家杰出贡献科学家"的荣誉称号。

卢瑟福

卢瑟福出生于新西兰的一个偏僻小村庄，他从小就向往宇宙，向往发明，向往创造。

1889 年他考上了新西兰大学。大学期间，他就自己动手制成一种灵敏的检波器，试验了在新西兰大地上的第一次电报，并发表了电磁学方面的论文。凭着这几篇论文，大学毕业几年后，卢瑟福到了剑桥大学的卡文迪实验室。

在这里，他接受了老师汤姆孙的建议，开始了对原子的探试。探试的第一步就是抓住镭放出的射线，看它到底是些什么东西，然后就可以顺藤摸瓜追踪原子内的秘密。

卢瑟福天生是个实验的好手，他立即设计了一个实验，用一个铅块，钻上小孔，孔内放一点镭。这样射线只能从这个小孔里发出，然后将射线放到一个磁场里。

奇怪的现象出现了，一束射线立即分成三股，一股接近 N 极偏转，一股接近 S 极偏转，还有一股不偏不倚一直向前，卢瑟福给它们取名为α、β和γ射线。经过测定，β射线就是老师汤姆孙发现的电子流，γ射线就是伦琴发现的 X 光，居里夫妇发现的放射性就是α、β和γ射线。好个卢瑟福，真是出手不凡，19 世纪最后 10 年的三大发现，他在一个实验里就全部得到解释。

当他兴冲冲地把这些新发现告诉老师汤姆孙时，老师自然很高兴，顺便还告诉卢瑟福一个消息：加拿大麦克吉尔大学物理系派人来剑桥聘请教授，他认为卢瑟福是最好的人选。

1898年卢瑟福横渡大西洋到了加拿大，在这里，他遇到一个比他小七岁的年轻助手索迪，索迪的化学知识很丰富，这正好弥补了卢瑟福化学知识上的不足。

这时，卢瑟福又想起了在剑桥时遇到的一个老问题，α粒子从所具有的电量和质量来看很像元素氦，有索迪做助手，卢瑟福马上开始验证。实验结果出来了，α射线果然就是氦流。那么镭放出α射线后剩下的又是什么呢？经实验，竟然又是一种新元素氡。于是卢瑟福宣布放射性既是原子现象，又是产生新物质的化学变化的伴随物。

1907年，为了表彰卢瑟福的这一重大发现，诺贝尔评审委员会授予他诺贝尔化学奖。你可能会莫名其妙，物理学家怎么获得了化学奖。没错，正如卢瑟福所说："这真是太妙了！我一生中研究了许多变化，但是最大的变化是这一次，我从一个物理学家变成了一个化学家。"

牛 顿

1642年,牛顿出生在英国东南部伍尔斯沙浦村的一个农民家里。在他还很小的时候,父亲就因病去世了。又因生活所迫,母亲改嫁。年幼的牛顿只好和外祖母一起生活。

尽管家境贫寒,但外祖母还是想方设法让牛顿读书。牛顿非常喜欢数学,考试成绩在全班总能名列前茅。他对劳技课也十分感兴趣,每次老师留作业,他都极其用心地去完成。

牛顿的第一件手工作品——水钟,是计算时间用的。这件作品受到了老师的表扬和鼓励。从此,牛顿对手工制作就更感兴趣了。在这之后,他又成功地制作了一个日晷。这全得益于他对周围事物的观察和思考。平时没事的时候,他总是不吭不响地看着日升日落,无意中发现自己身体的影子总是上午在西边,而下午就到了东边。于是他做了一个圆圆的盘子,用一根小木棍立在圆盘中央,太阳照射时,只要看到小木棍的影子就能知道是上午还是下午了。

牛顿观察了逆风飘扬的物体,又做了一个小小的风筝。和小朋友们一起放风筝的时候,他看着自己精心制作的作品在蓝天飞翔,心里有种说不出的喜悦。到了夜晚,他总是喜欢一个人默默地看星星,似乎能从星光中得到无数的启迪。

村边有一座高大的风车。小牛顿每天放学后,总是跑到那里,一边看，一边琢磨。他仿照大风车的样子，自己找材料，也造起了风车。他做了拆，拆了又做，终于有一天，他的风车做成了。只要用手一碰，这小小的风车就会转动起来。有人问他："你这风车能磨小麦吗？"牛顿只是回答说："试试看吧！"他将小麦放在风车的臼里，小风车竟叽里咕噜地磨起了麦子。看着自己的成功，小牛顿信心十足。

很快，牛顿小学毕业了。他升入坐落在格兰栅镇上的一所中学。因为从学校到家要有40多千米的路程，牛顿只好寄宿在一位药剂师的家里。因为他十分懂礼貌，主人的全家都很喜欢他，他们相处得非常融洽。

课余时间，牛顿经常到药剂师的藏书室里去看书，凡是感兴趣的，他都要仔细地阅读一遍。天长日久，牛顿从书中得到了很多知识。

有一天，他在一本书的插图中看到了一个风车，便又回头琢磨起他自己的风车。他想，要是没有风，风车也能转动就好了。路上，农夫赶的马车又吸引了他。他仔细观察马车车轮的转动情况，反复动脑筋研究风车转动的原理，开始重新设计自己的风车。他在纸上画设计图，画了改，改了又画，终于设计出了自己满意的风车——把风车叶片的转动轴接上绳子，再配上水桶，拉动绳子，叶片转动，再用水冲击叶片，风车就可以转动了。根据图纸，他自己动手，真的把风车做出来了。这年，他才14岁，人们都说他是一个聪明、爱动脑筋的好孩子。

好景不长，牛顿的继父又去世了。由于经济困难，母亲再也无力援助他，牛顿只好辍学了。他并不反感做一个农民。可是，除了做农活儿以外，他的脑子一会儿也不闲着，充满了各种奇思妙想。他还想方设法借了很多书，只要干完活儿，就埋头读书，如

饥似渴地寻求知识。

在牛顿 16 岁那年，英国遭到了特大的自然灾害，一场罕见的暴风雪袭来，所有的人都躲在屋子里不敢出来。只有牛顿跑出来，在暴风雪中又是跑，又是跳，然后还要冒着风雪去量这一次跳和上一次跳的距离，目的是要计算风的力量究竟有多大。大人们都十分不理解他的行为。母亲把这件事告诉了他的舅舅。舅舅说："这个孩子应该去上学，他一定会有出息的。"

牛顿的舅舅答应为他出大学的学费。得到了舅舅的资助，牛顿拼命读书，努力学习。功夫不负有心人，牛顿终于在 1661 年以非常优异的成绩考取了剑桥大学。他深知上大学的机会得来不容易，加倍刻苦地学习。他博览群书，在大学学到了很多知识，为后来搞科学研究和发明创造打下了坚实而牢固的基础。

牛顿总爱若有所思地仰望蓝天。有一回，他正和侄女坐在苹果树下望着天空，突然一个苹果从树上掉到他的身边。牛顿捡起苹果，又看看树，自言自语地说："又没有风，苹果怎么会掉下来呢？"

侄女说："那是因为苹果熟了。"

"为什么苹果是往地上掉，而不是往天上飞呢？"

牛顿反问道。侄女一愣，回答不出来。这时树上又掉下来几个苹果。

牛顿想："苹果只往地下掉，说明了地球对苹果有吸引力。这和地球离不开太阳，月亮离不开地球是不是有什么共同之处呢？也许，都是吸引力在起作用。可是地球为什么没被太阳吸过去呢？"

牛顿想着，随手捡了一个苹果扔了出去。苹果在空中划了一道弧线,落到了远处。侄女一看,高兴地说:"咱们来比赛,看谁扔得远!"

牛顿说:"我的力量比你大,一定比你扔得远!"

侄女和牛顿的对话引起了牛顿更深的思考:"扔出去的苹果没有马上落地,这说明苹果有一种向外逃的力量。那么月亮围着地球运转;地球又绕着太阳运转,但是它们不会碰到一起,就说明了吸引的力量与之相反的力量都在起作用。"

苹果落地的事情使牛顿产生了对整个宇宙的思考,他时刻注意观察,又经过反复实验,终于证实,两个物体的引力是和物体的大小成正比的,物体越大,引力就越大;物体越小,引力也就越小;另外,两个物体的引力和它们的距离成反比,也就是说,两个物体的距离越近,引力就越大;而距离越远,它们之间的引力就越小。这就是著名的"万有引力定律"。

后来,经过反复地观察、研究和实验,牛顿终于证明了月亮绕着地球运转,地球绕着太阳运转,就是因为它们相互之间的引力。

牛顿经过多年的努力研究,最终成为一名出色的物理学家。在光学、天文学、数学等方面,他做出了卓越的贡献。

法布尔

法布尔是法国著名的昆虫学家。

1823年9月的一天,法国南部弗赞镇的圣·莱昂乡一个普通农民家里,一名男婴降生了,一家人都为添丁进口兴奋不已。他们请教父给这个小男孩儿起了一个名字,叫亨利·法布尔。

小法布尔一天到晚跟着爸爸、妈妈在田地里跑来跑去。他每天看到的是鸡、鸭、鹅;陪伴他的是马、牛、羊;他一天到晚玩儿的是小鸟、青蛙和蝴蝶;吃的是自己家种的瓜、果、粮食。在大自然的熏陶里,小法布尔生活得无拘无束,自由自在。

一天傍晚,法布尔蹲在花丛中,侧耳倾听,他听到了轻轻的"铮、铮"声。这是谁发出的歌唱声?法布尔用心地观察、寻找。他一连3天都蹲在那花草丛中,耐心地观看和静静地听。他终于发现了那位歌唱家不是别的,正是"纺织娘"(一种小昆虫的别称)!就这样,法布尔每认识一种小动物或小昆虫,都要自己亲自去观察它们,了解它们的习惯和特点。因此,他几乎每天都有很多的时间是在花丛、草丛或庄稼地里度过的。

在法布尔7岁那年,爸爸妈妈把他送进学校去读书了。法布尔非常高兴。但那不是一所很像样的学校,校舍破旧,既当课堂,又是鸡窝,也是猪圈。回家的时候,妈妈问他:

"学校怎么样?"

法布尔总是说:"有趣儿极了!学校里有粉红色的小猪,还有扑扑棱棱的小鸡。"

妈妈说:"上学也是老和那些牲畜打交道,你什么时候才能懂得更多的知识呢?"妈妈为法布尔担心。而法布尔却是越来越迷上了学校。老师给学生布置的作业是干农活。法布尔却用蛙肉当作饵料去钓虾;或是自己爬到高高的树上去捉甲虫。

然而,快乐的童年生活被家境的窘迫蒙上了阴影。怎么办呢?法布尔想出了一个好办法:让妈妈到街上买来一些种蛋,向隔壁邻居借了2只母鸡来孵。法布尔还打听到离自己家不远的地方有一家油料厂,每天都扔掉很多的下脚料。他知道那些下脚料既可以给孵出的小鸭当饲料,又不用花钱。

过了20多天,24只可爱的小鸭子孵出来了。法布尔自然当起了鸭司令。开始时,他让小鸭子们在家里的水坑里游泳,后来就把它们赶到了池塘里,让它们在这里游个痛快。法布尔在岸上观察着那幽静而神秘的池塘,水里有成群结队的小蝌蚪,还有钻来钻去的、满身泥浆的水蜘蛛;还有停在灯芯草上的石蛾,东飞西逛的蜻蜓……这些简直把法布尔迷住了。他经常忘记回家,忘记吃饭……

法布尔每天到池塘放鸭,总是早出晚归。他在放鸭的时候,看见一股清澈的泉水从山顶上流下来,奔流宣泄到池塘里。法布尔觉得真是十分有意思,便用麦秆做成了一辆小水车,架在水流中,真是开心极了!

法布尔每天放鸭回来的时候,口袋里总是鼓鼓囊囊的,里面应有尽有:有天蓝色的甲虫、羊角的化石,还有钻石般的小石头……一句话,都是他所喜欢的玩意儿。

有一天,法布尔在一块大石头下发现一个鸟窝,那鸟窝里有5

只天蓝色的蛋。他很喜欢，就拿了一个带回家里去玩。爸爸看到后，就问法布尔：

"孩子，这岩鸟蛋是从哪里弄来的？你不应该这样把它带回家，它可是人类的朋友，会帮我们消灭害虫的。我们应该保护它们，而不应伤害它们。"

法布尔明白了，不应该伤害这种岩鸟。于是，法布尔又把那只心爱的蓝色的蛋放回了原处。

10岁的时候，法布尔全家搬到城里，他进了一所公费学校读书。法布尔最喜欢学校组织到郊外去游玩。他看到朱顶雀在刺柏上孵蛋，白杨树上躲着的小金花虫……

他还喜欢玩一种游戏，就是当农户不在的时候，逮着火鸡，把它的头塞在翅膀下面，然后让它倒卧在地上，火鸡就被催眠了。过几分钟，最多过半个小时，火鸡就会先后醒来，又恢复正常状态。法布尔还用同样的办法做催眠实验，结果却发现鹅和火鸡可以睡同样长的时间，而鸭只昏睡两分钟；翠雀只有几秒钟。他由此得出了结论：身体体积小的动物催眠的时间要比身体体积大的动物催眠的时间短。

法布尔在罗德兹公费学校念了四年书。他又到神学校读了五年级的课程。到了17岁那年，他以第一名的优异成绩，考取了师范学校的公费生。他到了这所师范学校以后，总是利用一切机会采集标本，专心研究花草、树木、昆虫。在他的课桌抽屉里存放了各种各样的标本。他已经是一个十足的迷恋昆虫的人了。

法布尔从师范学校一毕业，就开始专心地研究昆虫了。他为了采集更多的标本，跋山涉水，进入山区和密林中人烟罕见的地区，深入细致地去考察各种昆虫的生存状态，工作环境十分艰苦，有时甚至都是非常危险的。他在极其艰苦的条件下，创办了昆虫实验场和昆虫实验室。

法布尔经过了数十年的努力观察、研究、实验，创立了动物心理学说和动物本能学说，在昆虫学方面做出了卓越的贡献。

1916 年，他撰写了《昆虫记》，全书长达 10 卷之多，共 1200 多万字，向人们展示了多姿多彩、光怪陆离的昆虫世界。

为了表彰法布尔的研究成果，法国科学院授予他金质奖章。瑞典斯德哥尔摩皇家学院颁给他林奈奖章。法布尔成为世界著名的昆虫学家。人们还为他塑像，在请他题词时，他说："只要刻上一个词儿：'劳动'！"

琴 纳

自古以来，"天花"这种可怕的瘟疫就像幽灵那样在全世界游荡。得上这种病的人即使侥幸不死，脸上也将永远留下大大小小的麻点儿，成了"丑八怪"。

爱德华·琴纳是英国的一位乡村医生。有一年，他的家乡伯克利山谷突然流行起天花。为了医治病人，他每天都忙得精疲力竭，可晚上躺在床上仍翻来覆去睡不着。"有什么可靠而安全的办法能预防可怕的天花呢？"这个念头始终在他的脑海里萦回着。在这以前，人们只知道生过天花的人，不会再次染病；为了防止得严重的天花，往往就将轻度的天花病人脓疱中的脓液直接接种到健康人的身上，让人先得一次"小天花"。但是这种方法很危险，弄不好常常出乱子。1781年，英国流传着一件被认为是近乎野蛮的事情。英国贵族梅丽·惠特利·蒙塔古夫人从土耳其旅行回来后说，土耳其人把症状轻的天花患者的疱疹故意接种到自己身上，接种后会患轻度天花，但却因此而获得了免疫力。梅丽夫人相信这种说法，并且给自己的孩子实行接种。梅丽夫人是一位杰出的女性，但也是一位见异思迁的"社交家"。她对于这件事是不会认真地持之以恒地做下去的，当然也没有得到过医生的配合。而当时的英国人对于自己尚要学习的东西，是不会相信土耳其人竟会先行办到的。

　　这时的琴纳，又对另外一则传说产生了兴趣。当时在法国，有挤奶姑娘和牧牛姑娘出场的戏大受欢迎。因为她们没有麻子，面孔漂亮。琴纳根据这个线索，认真地到许多牧场做了大量的调查。琴纳发现牛和马会生一种水疱，就是牛痘。挤奶姑娘天天接触奶牛，她们接触牛的手上就会传染上这些疱疹，也会出现轻度的发烧，昏迷等症状，但过了几天，很快就好了。而且，这些疱疹多半只长在手上，而决不会出现在脸上使人变得丑陋。

　　琴纳观察到这个事实之后，心里又产生了另外一个疑问："这些得过牛痘的挤奶姑娘是不是对天花有终生的免疫力呢？"这时，又发生了一件事，解答了琴纳的疑问。

　　一天，琴纳刚刚睡下，"砰，砰……"一阵急促的敲门声将他惊醒了。牧场女工潘金斯太太气喘吁吁地来请求琴纳医生去诊治她病重的丈夫。琴纳带上药箱立刻赶去，只见潘金斯身上的脓疱已溃烂了，是典型的天花病症。为了防止传染，琴纳让潘金斯太太立即去找一个得过天花的人来护理。不一会儿，她带来一个名叫安娜的挤奶女工，那女工光滑细嫩的脸上毫无疤痕。琴纳连连摇头，"不行，没得过天花的人不能接触病人！"可安娜却自信地说："医生，我得过牛痘，因此不会染上天花的。我已经护理过好几个病人，而自己却从来没染上。"琴纳只好同意她留下。潘金斯先生几经磨难，终于逃脱了死神的魔掌，但留下了一脸大麻子。而那位挤奶女工也居然真的没染上天花。这是个奇迹！望着安娜姣好的面容，琴纳又陷入了沉思：看来，牛痘真的能克服天花。

　　任何一位有杰出贡献的伟人，都是以实践来检验自己的发现的；琴纳也不例外，他要用事实来证明自己的想法。

　　1796 年 5 月 17 日，是琴纳 47 周岁的生日。他选择了这一天来做他的牛痘接种试验。这是人类历史上第一次牛痘接种试验。

一位名叫杰米的男孩成为世界上第一个接种牛痘的人。琴纳从一个挤奶女工手上起的牛痘的痘疮里挑出一点儿淡黄色的浆液,小心地涂在男孩手臂上用刀划开的小口子中。

试验很快就完成了,可琴纳的心中却并不轻松,他日夜照料杰米,仔细观察孩子身体的细微反应。两天之后,孩子开始低烧,胃口不好,涂牛痘浆的皮肤上也出现了疱疹,这一切都表明,孩子得了牛痘。这是在意料之中的,而琴纳医生仍然很紧张,他怕孩子的病会进一步恶化。四五天过去了,孩子很快退了烧,痘疮结了痂,完全恢复了健康。第一步成功了!

但是还需要证实杰米今后不会再得天花。2个月后,琴纳又从一个严重的天花病人身上取来脓液,接种在杰米身上。如果牛痘不能预防天花,杰米就会染上严重的天花。这是多么可怕的后果啊,琴纳手里捏了一把汗。他日夜守护着杰米,寝食不安。3天过去了,1个星期过去了,杰米既没发烧,又没生痘疮,照常嬉笑玩耍。成功了!人类历史上第一次种牛痘预防天花的科学实验终于获得了圆满的成功。

1979年10月26日,世界卫生组织宣布,曾经给人类带来巨大灾难的恶魔——天花,已经在世界范围内被消灭了。

爱迪生

爱迪生是美国人。他是举世闻名的发明大王。

1847年，爱迪生出生在美国俄亥俄州米兰市的一个农民家里。他自幼就聪明，爱动脑筋，对什么都感兴趣，喜欢不停地提问题。爱迪生对什么都喜欢动手试一试，什么事情都想亲手做一做。有时他异想天开，闹得大人哭笑不得。在他5岁的时候，有一天早饭后，小爱迪生不知道跑到什么地方去了，父母亲急得四处寻找。直到傍晚，父亲在库房附近发现他正神情专注地蹲在一个鸡窝里。父亲气呼呼地问他："你饿了一天，钻在这个脏地方干什么？"

"我在孵小鸡呢，爸爸！"爱迪生指着屁股下面的一堆鸡蛋，神秘地回答说。

爸爸听了哭笑不得，一面伸手拉他，一面大声地说："你怎么能孵出小鸡呢？快出来吧，我的傻儿子！"

"不，我不出来！"爱迪生争辩道，"妈妈养的母鸡就是趴在鸡蛋上孵小鸡的。"

"你是母鸡吗？"父亲又好气又好笑地问。

"为什么母鸡能孵出小鸡，我就不能？"爱迪生撅着嘴，不服气地说。

最后还是父亲用力地把他拉出了鸡窝。

爱迪生8岁时开始上学了，在课堂上经常提出一些问题，老师和同学都感到莫名其妙,有时候还让老师很难堪。因此,老师对爱迪生感到有些头疼,于是,向爱迪生的妈妈提出来:"这个孩子神经有一点不大正常,可能是个'低能儿',他经常提一些可笑的、莫名其妙的问题,弄得我哭笑不得,妨碍了课堂的秩序,还是别让他上学了吧!"

妈妈只好把爱迪生带回家。妈妈原来是个小学教师,有一定的教学经验,因此,在家里,她教爱迪生读书、认字、写字。妈妈有足够的耐心教爱迪生,对他提出的一切问题都是很认真地、不厌其烦地回答。当然,妈妈有时也对儿子提问,每每儿子回答得正确的时候,妈妈都十分的开心,总是鼓励爱迪生。因此爱迪生的学习兴趣越来越浓,提出来的各式各样的问题也就越来越多。爱迪生对自然科学特别感兴趣。他也想进行一些科学小试验。他把这个想法告诉了妈妈,妈妈非常高兴。为了鼓励儿子,她和儿子动手把地下室整理、打扫干争,布置成小小的实验室。只要一有空,爱迪生就钻进地下小实验室。这里已经成了他的小小世界。

爱迪生对什么都有浓厚的兴趣。妈妈经常带他到郊外游玩。有一天,爱迪生看见鸟儿在天空中自由飞翔,就马上联想:鸟儿能飞,人为什么不能飞呢?我一定想办法,让人像鸟一样飞上蓝天。他就对妈妈说:"如果人要是能够飞上天去,那该有多好呀!"

爱迪生整天冥思苦想"上天"的事。他从气球充了气体能够升上天空,联想到:"要是人身体充满了气体,不也就可以升上天空吗!"爱迪生从此就特别注意什么能产生气体。妈妈做面包时,他看到发酵粉能产生气泡,就想:"如果把发酵粉和其他的原料配成一包药粉,名叫'腾空剂',人吃下去,便可以在肚子里产生大量的气体,或许能使身体变轻,飞上天空呢!"他忍不住就大声说:"吃了发酵粉,人能飞起来,就太棒啦!"

这天下午,小伙伴米吉利来找爱迪生玩。为了试验自己发明的"腾空剂"是否灵验,爱迪生兴致勃勃地问米吉利:"你想不想升上天空?""想啊,"米吉利蹦跳着说,"你有什么办法吗?"

"嗯。"爱迪生点点头说,"你把这包药粉吃下去,呆会儿,管保你能够飞起来。"

米吉利信以为真,接过药粉,冲了水,一饮而尽。谁知,米吉利吃下药粉以后,没有多久,药性发作,就肚子疼了,疼得实在忍不住,哇哇地直叫唤,最后躺在地上打滚儿。爱迪生的父亲闻声赶来,只好立即把米吉利送进医院急救。多危险!气得爱迪生的父亲用柳条鞭狠狠地抽了他一顿。爱迪生咬着牙没有哭。从此,妈妈叫爱迪生停止了试验。

爱迪生已经11岁了,妈妈让他去做一些事情。为此,爱迪生当了卖报童,到火车上去卖报。在车站,他像着了迷似地观看站长发电报。爱迪生非常聪明,他很快就懂得了电报的原理和操作方法。在他12岁的那年夏天,爱迪生所在的小城镇突然下了一场特大暴雨,大雨倾盆,很快小镇周围变成了一片汪洋。公路、铁路,还有电报线路都被冲断了。小城变成了一座孤城,和四面八方失去了联络。人们的处境非常危险。爱迪生焦急地想:"有什么办法能同外界联系上呢?"

这时,"呜……呜……",一火车的汽笛声响起,爱迪生的眼睛一亮,他想:"电报是利用电流通电时间的长短,由点横、横点的不同变化,组成字母来传递消息的,何不用汽笛的长短变化来组成字母,发出一份'汽笛'电报呢,这样不就和外界联系上了吗?"

他马上跑到火车司机那儿,说了自己的想法。司机怀疑地问:"你发出的这'汽笛'电报有谁能听懂呢?"

爱迪生很有把握地说:"我的师傅麦肯基就在附近的小火车

站，只要他听到，他肯定能听懂。"

于是火车司机同意了。爱迪生用长短不同的汽笛声，反复发了一分奇特的求援"汽笛电报"。过了一段时间，终于，远处也传来了回答的汽笛声，中断的联络又以奇特的方式恢复了。因此爱迪生救了全镇的人。而那份奇特的"汽笛电报"，也被人们称为最早的"无线电报"。

有一次，爱迪生带了一瓶黄磷，准备在卖报的空闲，进行科学实验。谁知在火车上由于不停地震动，把黄磷打翻在地，引起了黄磷的燃烧，闯了大祸。列车长气得狠狠地打了他一个耳光。这一下可打得不轻，打得爱迪生的头嗡嗡直叫。列车长气得把他的一堆什么试验用的东西统统扔到了车窗外面去了。这时爱迪生只有15岁。

列车长把爱迪生开除了。他打的那一巴掌，使爱迪生的头嗡嗡叫了好几天，疼得不能入睡，等好了以后，耳朵就听不见声音了。但是他并没有因此而灰心，仍然继续实验。

这时，爱迪生对电报技术已经发生兴趣。他自己进行设计制作，反反复复，终于制作成了一架土造电报机。他搜集了很多的钢丝，架设起一条线，一直通到小伙伴克兰西家里。克兰西把报纸上的消息和新闻用电报的方式传过来，爱迪生又把它整理成文章，交给父亲。父亲鼓励他说："啊，你那台电视机还真管用啊！"爱迪生听了父亲的鼓励自然是很高兴。

有一天，爱迪生在火车站，看见一个小男孩儿在铁轨上玩耍，火车急驰而来，小男儿也没有听见。说时迟那时快，爱迪生飞奔过去，一把把孩子抢救出来，吓得所有在场的人出了一身冷汗。后来他才知道，原来这个小男孩儿是火车站站长的儿子，名叫吉米。火车站站长非常感谢爱迪生。为了报答爱迪生，站长主动提出教爱迪生电报技术。这正合爱迪生的心意。爱迪生只用了3个月的时间，就全部掌握了电报技术。站长夸奖爱迪生真是聪明能干，因此介绍他到当地的电报局工作。第二年，爱迪生又由站长介绍，到斯特拉得福铁路分局工作。他自告奋勇值夜班，白天就可以继续读书，做一些研究和实验了。

铁路局为防止夜班人员睡懒觉，规定每隔1个小时，向车务主任发一个信号。爱迪生经过多次实验，把闹钟接上电报机，每过1个小时，电报机就自动发出信号。这件事过了没有多久，就被查出来了。这个小小的发明创造，给爱迪生带来的却是被开除的处分。

爱迪生被开除以后，他就过着流浪电报员的生活。当时，一条线路只能发一个信号，他就不断地改进、完善，先后发明了二重、四重、六重发报机。在电报发展史上做出了重大的贡献。

爱迪生一生以坚忍不拔的毅力进行探索，又先后发明了电话、电影机、留声机、电灯、蓄电池等。他那刻苦学习，努力钻研，在失败面前毫不畏缩、毫不气馁的顽强精神，赢得了人们的尊敬和爱戴。

伏　特

公元 1745 年 2 月 18 日，伏特出生在意大利伦巴第的科莫一个没落的贵族家庭，家中兄弟姐妹共有 8 人，除伏特之外，其他孩子长大后都参加了神职工作。

伏特并非神童。他 4 岁才会说话，甚至被家里的人认为智力迟钝。但到了 7 岁时，他赶上了其他孩子，接着就很快超过了他们。伏特从小就对科学有远大的抱负，14 岁时便决心当一个物理学家。一个偶然的机会，伏特读到了英国科学家普利斯特利的一本电学著作，激起了他对以后占据当代科学舞台的电现象的浓厚兴趣。当时，他甚至还写了一首相当不错的关于电学的拉丁文长诗。

1774 年，伏特被聘为科莫中学的物理教师。第二年，他发明了起电盘。他在给普利斯特利的信中描述了他的这个发明：

这个装置由一块覆有硬橡胶的金属电极板和一块带绝缘手柄的金属电极板组成。摩擦硬橡胶板，使之带上负电荷。如将带柄板置于其上，正电荷便被吸引到下表面，负电荷被排斥到上表面。上面的负电荷可通过接地排除。这个过程不断继续，直到带柄极板带上很多电荷为止。这就是今天仍然在使用的电容器的前身。

伏特的名声因此传开，1779 年，他被聘为帕经亚大学的教授，并继续从事电学研究。不久，他发明了与静电有关的设备。1791

年,由于以上成就,他获得了英国皇家学会的科普利奖章,被选为该会会员。伏特有一个朋友叫伽伐尼,是个解剖学家。伽伐尼有一次注意到,当电器开动时,若用金属解剖刀触一条蛙腿,它就会猛然抽动。于是他宣称有"生物电"这样一种东西,并写在一篇论电流的文章里给伏特看。这个现象引起了伏特的重视。他反复进行这方面的实验,着手研究这样一个问题:肌肉接触两个不同的金属时,所产生的电流,究竟是由肌肉组织引起的,还是由金属本身引起的。为了验证这一点,伏特于1794年决定只用金属而不用肌肉组织进行实验。他立刻发现,电流的产生和持续,与肌肉组织并没有关系。他又重复多次进行实验,证明了自己得出的这个结论。

1800年,伏特经数年研究终于制成一种能产生很大的电流的装置。他用几个盛有盐溶液的碗,彼此之间用弓形金属条连接。金属条有2类,一类为铜,另一类为锡或锌,两者间隔放置。这样便产生出一股稳定的电流。这就是历史上的第一组电池。在此基础上,伏特又大胆进行了改进。他用小圆铜板和小圆锌板以及浸透了盐溶液的硬纸板圆片,做成体积小含水少的装置。从底部开始,往上依次为铜、锌、硬纸板、铜、锌、硬纸板……如果将金属线接到这个"伏特电池"的顶端和底部,电路闭合时就会有电流通过。不久,英国科学家尼科尔森就把伏特电池付诸实际使用,用电流分解水分子。伏特电池的出现,也直接导致了以后英国化学家戴维的那些惊人的研究成果。现在,电流运动的驱动力的单位被称为"伏特",就是为了纪念他。

法拉第

迈克尔·法拉第是英国人，1791年9月22日诞生于英国伦敦市郊的一个铁匠家里，这是一个非常讨人喜爱的"小男子汉"。

法拉第该上小学了。父母把他送到一所公立小学去读书，他很高兴。放学回家后，他就主动帮助妈妈做家务。可是不久，父亲病倒了，家里丧失了劳动力，全家只得搬到更简陋的房子里去住，靠着向慈善机构去领救济金过日子，生活实在很困难。这时法拉第已经九岁了，可是他每天只能领到一个面包的救济粮。妈妈告诉他："你早上吃一片，下午吃一片。"可怜的小法拉第答应妈妈："妈妈，你放心吧，我不会多吃的！"生活的艰难使法拉第迫不得已离开了学校。13岁的时候，母亲为了让孩子学手艺，以减轻家里的负担，就让法拉第去当了童工。

他到了里波先生的铺子里去帮工。里波的铺子是经营书籍装帧，捎带出售书籍、文具，出租报纸。那个时候，报纸很贵，一般的人家都是租报纸看。由于法拉第机灵又懂事，所以他成了铺子里送报纸的报童。他每天走大街，穿小巷，在伦敦城里往返奔波。为了挣钱，小小年纪的法拉第风里来，雨里去。这个活儿虽然很辛苦，但是法拉第很乐意干，因为在送报的过程中，他可以看报，增长很多知识。法拉第虽然年纪小，但他聪明、伶俐、能干，不怕辛苦，又懂礼貌，还爱学习，1年以后，里波先生就正式收他为学徒了。

　　里波先生的铺子里有很多的书,从小朋友读的《一千零一夜》到《大英百科全书》应有尽有。每一本经他手装订的书,他都尽量读一读。啊,这里真是知识的海洋!法拉第像书虫子一样每天除了工作外,就是钻在书堆里。

　　法拉第看了书以后,喜欢琢磨。有一天,他想,用玻璃棒在毛皮上摩擦几下后,就能吸住纸屑,这就是电。由贮存多了,能放出火花……啊,这真是太神奇了,法拉第被电迷住了。他还特别喜欢化学,他决心把书上的每一个实验都做一做,试一遍。要亲眼看一看书上说的那些神奇现象。于是,他回家把自己的想法告诉了妈妈,妈妈很支持他,帮助他把家里的阁楼收拾好,当成小小的实验室。可是做实验要有仪器、药品,自己是穷学徒哪有钱呢?他想:没有钱也要做实验,办法是人想出来的。他在回家的路上看到的药店里扔的小瓶子,就捡回来,留着当做实验用的器皿;休息时,他还到旧货店里去买便宜的旧货……慢慢地装备自己的小小实验室。法拉第一点也没有因为没有钱,而放弃自己要做实验的梦想,反而当自己动脑筋想出了办法后而更加坚定了信念。

　　他的实验开始了,按照书上说的,他把锌放到盐酸里,就会放出一种可燃烧的气体……实验后,验证了书上说的,一点也不错。实验成功了,他把这个好消息告诉了妈妈,妈妈为他而高兴,和他分享着成功的快乐。这对法拉第是莫大的鼓舞。

　　第一次实验成功以后,法拉第的信心和劲头更足了。他又开始第二次实验。他把玻璃瓶外裹上锡箔,充电后,可以产生猛烈的放电现象……他高兴地、疯狂地大叫:"哈哈!我成功了!我成功了!"全家人都为他的成功而高兴。他为做实验而着迷,这是很多人都知道的。有一天爱多嘴的人对里波先生说:"老板,你的那个小学徒,着迷地做实验,尽摆弄些火呀,电呀什么的,总会有一天要失火闯祸的,要当心哪!"也有人说:"深更半夜玩鬼火,我看他是中了邪了!"于是里波先生就警告法拉第说:"你每天在玩火呀、电的,当心可别弄出乱子来呀!"

法拉第说:"里波先生,你不用怕,请你到我的实验室来看看吧!"于是里波先生来到法拉第的实验室,法拉第做实验给他看。只见他拿着两个小瓶子,把这个瓶子里的水倒入另一个瓶子里,红的就变成蓝的了;然后又把那个小瓶子里的水倒在这个小瓶子里,蓝的就又变成红的了;又是烟雾,又是火花……

法拉第说:"神奇吧,这些都是书上有的知识,我的实验都成功了!"里波先生说:"你什么都想知道,又什么都想试验,可一定要小心哪!"店铺里的人见里波先生对法拉第一如既往,就又对里波先生说三道四,里波先生说:"这孩子不是在玩地狱之火,他是在做试验,是在追求科学,是在往科学的天堂迈进!懂吗?"此后,人们就再也不说什么了。法拉第长大以后,进了皇家科学院,专门从事实验工作。他经过数十年精心研究,无数次地试验,发现了电磁转动和电磁感应,制作了世界上第一台发电机,在电学和化学的领域里做出了重大的发明和贡献。法拉第一生得到了许多荣誉,全世界主要科学机构和名牌大学,争相授予他学位和奖章。但是,不爱虚荣的法拉第,却把这些荣誉和奖章都收藏起来,连最亲近的朋友们也没有见过。

法拉第晚年,国家准备授予他爵位,但他说什么也不肯接受。退休以后,他仍然念念不忘实验室,经常去那里干一些力所能及的杂事。法拉第是物理学史上的革新者,又是杰出的自然哲学家。他追求真理,献身科学事业,他是非常伟大的科学家,对人类的科学事业做出了杰出的贡献。

爱因斯坦

爱因斯坦是一个伟大的科学家。

1879 年,爱因斯坦出生在德国南部的一座古老的名叫乌尔姆的小城镇上。

爱因斯坦自幼就有着强烈的好奇心,不管是什么东西,只要是没有见过的,他一定要弄个水落石出。有一次,也是第一次看见指南针,爱因斯坦产生了强烈的好奇:"是什么东西使它总指着一个方向呢?"指南针的秘密使爱因斯坦对科学产生了极大的兴趣。

7 岁那年,爱因斯坦上学了。对学校的手工制作课,爱因斯坦非常感兴趣,极认真地学习、制作。老师布置了手工作业。他做了 2 只板凳,不满意,便又做了第三只板凳,直到自己比较满意了,才肯罢休。可是他到了学校后,把这第三只小板凳交给了老师,老师却当着全班学生说:"瞧,你们看见过这么糟糕的板凳没有呢?"爱因斯坦很不好意思,赶忙向老师解释,他是非常认真地做的,他说:"尽管这个板凳并不十分令人满意,但这是第三个,它总比前两个要好得多。"老师听了以后,被爱因斯坦的精神感动了,原来他是这样地认真和一丝不苟。从此,老师就特别重视爱因斯坦。因为老师认为在爱因斯坦的身上有一种特别可贵、令人钦佩的精神。

在爱因斯坦考入中学以后,他对数学产生了浓厚的兴趣。有一次,他竟然苦苦地奋战了2个星期,埋头做完了欧几里得平面几何的全部习题。老师看了以后说,他做的全部是对的,没有任何的错误。这一次大大鼓舞了他,从此他一心钻研科学。

爱因斯坦为了钻研问题,从不注意生活小节,经常忘记带钥匙,是他的老毛病。还是在苏黎世上大学的时候,每当夜深人静,邻居们可以听到他站在大门口压低了嗓音朝门缝里喊:"房东太太,我是阿尔伯特!实在对不起,我又忘记带钥匙了!"

爱因斯坦最爱吃鱼子酱,他生日的那天,朋友们特地为他的生日宴会订了一盘鱼子酱。宴会进入高潮时,这盘美味佳肴端上来了。这时候爱因斯坦正在滔滔不绝地讲"惯性"问题。他一边吃鱼子酱,一边继续谈论"惯性"。

爱因斯坦讲完惯性问题,鱼子酱也吃完了。可以看得出他吃得津津有味,一位朋友故意问他:"阿尔伯特,你刚才吃的是什么东西呀?""啊,"爱因斯坦摇摇头说,"不知道,是什么东西呢?"

"是鱼子酱啊!""怎么?"爱因斯坦惊异地说,"是鱼子酱,我怎么没有尝出来呢!……"他每时每刻都在想他的科学问题,在饭桌上竟然连最爱吃的鱼子酱也没有注意到。传说在爱因斯坦移居美国,担任普林斯顿高级研究所主任以后的一天,发生了这样一件有趣的事:爱因斯坦办公室的电话铃响个不停。秘书拿起听筒,听到一个德国口音很重的人用英语在问:"请问,我能不能跟主任谈话?"

"很抱歉,主任不在。"秘书客气地回答说。

"那么,您能不能告诉我:爱因斯坦博士住在哪里?"打电话的人急忙问。"实在对不起,不能奉告。"秘书耐心地解释说,"因为爱因斯坦博士规定,绝对不准许别人去他住所干扰他的研究工作。"

这时候,听筒里的声音突然变得很微弱,只能隐约听见:"请您不要告诉别人,我就是爱因斯坦博士。我正要回家去,可是忘记自己住在哪里了。"爱因斯坦博士真是大智若愚呀。

爱因斯坦非常爱惜时间,可说是惜时如金。无论在他年轻的时候,还是晚年,他都十分珍惜时间。1914年的一天,阴沉沉的天空下着毛毛细雨。爱因斯坦头戴宽边帽,在一座桥头来回踱步,有时候停下来凝神思考。他手里拿着一枝铅笔,不时地在一张纸上急匆匆地写着字,而对于轻风细雨,似乎毫不理会。一位过路的朋友奇怪地问:"是您啊,阿尔伯特!您在这儿干什么呢?"

"噢,我是应约在等一个学生。"爱因斯坦中断了书写,回答说。

"您等的时间一定不短了,看把衣服都淋湿了。"

"是的,我的学生迟迟没有来,想必是考试把他难住了。"

"那您不可惜您的时间吗?"朋友知道博士惜时如金,惊讶地问。

"啊,不,不!我是非常有益地度过了这段时间。"爱因斯坦摇着头,兴奋地说,"在这段时间里,我正好得到了一个新的想法。"

说完,他向朋友晃动了一下手里的纸片,然后好像收藏珍宝一样,小心翼翼地把它叠好,放进了内衣口袋。爱因斯坦以刻苦钻研、一丝不苟的精神对待科学,成为了世界著名的物理学家。他提出的相对论,加深了人们对物质和运动的认识,具有重大的历史意义。1921年,爱因斯坦获得了诺贝尔物理学奖。

1948年,病魔降临到年近古稀的爱因斯坦身上。面对死神的挑战,乐观、坚强的爱因斯坦,却依然投身于紧张的工作。他住进医院以后,打电话叫家人把他的老花镜、钢笔和还没有写完的书稿送来。在去世前几天,他还在修改《关于统一场论》的著作,点完了最后一个句号。

戴　维

英国康沃尔郡的彭赞斯镇依山傍海，风景秀丽。海水温柔地拍打着沙滩。迈克山像一只巨大的手掌把小镇轻轻握在手中。山上树林茂密，飞鸟成群。每个清晨，小镇上袅袅升起的炊烟和山上的雾气融在一起，好似轻纱罩着这块绿色的宝石。1778 年 10 月 27 日，化学家戴维就出生在这儿的一个木匠家里。

小戴维聪明好学，尤其喜欢探险。有一天放学后，戴维对自己要好的朋友琴凯说：

"走，我们去探险去。"

"可以，不过去看什么呢？"琴凯问道。

"听老人讲，海岛上有许多黑洞，洞里可黑了，还有许多毒蛇、小虫，十分可怕。走，咱俩游过去看看。"戴维兴致勃勃地说。

他俩一路飞跑地来到海边，放下书包，光着屁股向海中的小岛游去。到了小岛戴维点燃火把，一步一挨地向黑洞走去。黑洞里静得出奇，越往里走就越冷。戴维仔细地观察着，没有看见一条蛇和一只昆虫。

终于，走到了尽头，他看见一些旧铁锹和旧箩筐。他对同学说："原来这只是一个废弃的锡矿，根本不可怕。"那声音在洞里回荡，显得特别大。

小戴维虽然聪明，但他很贪玩，对学校的功课不感兴趣。在老师眼里,他没有任何出众的地方,他的老师是个脾气古怪的人。特别嗜好揪孩子们的耳朵。小戴维的耳朵时常被他揪得火辣辣的,痛得钻心。

有一次,老师看见小戴维的耳朵上粘了一块胶泥,就斥问他是怎么回事。

戴维大声回答:"报告老师,这是为防止我的耳朵被你揪烂。"

结果引起了同学们的哄堂大笑,老师也拿他无办法。

一直到17岁,在外科医生波拉斯那儿当学徒时,他才意识到自己荒废了许多时间,于是,他下决心努力自学。

白天,他帮助医生配药,晚上,就钻进书堆看书。他喜欢化学,一本本的化学书都被他仔细地读过。有时候,他找来瓶子、罐子在实验室里做实验。

一天深夜,从实验里发出一声巨响。波拉斯医生被惊醒了。他急急忙忙跑到实验室,只见戴维一脸漆黑,只有两只眼睛在骨碌碌直转,地上尽是些碎玻璃。

戴维一脸尴尬地说:"对不起,吵醒您了。"

戴维刻苦学习,积累了丰富的化学知识,成了远近闻名的小化学家。

1798年,他应邀到牛津大学化学教授贝多斯新建的"气体研究所"工作。这里工作条件相当好。戴维全身心地投入了研究工作。几天之后,他便制备了许多瓶叫一氧化二氮的气体。一天,贝多斯来看实验的进展情况。他看到才几天,戴维就制备了这么多的气体,十分高兴。

突然,不知怎么的,他的一只脚不小心碰倒了大铁架子。只听咚的一声,一只只瓶子摔得粉碎。铁架子把贝多斯的脚砸开一条大口子,鲜血直流。

戴维还没回过神来，只见教授双手捂着头，哈哈大笑起来。戴维莫名其妙，咦！怎么回事呢？一向严肃的教授怎么会狂笑不止呢？

他刚想伸手去拉贝多斯，没想到自己一下子也大笑起来。实验室里两个人像竞赛似的，狂笑不止。

周围的人不知道发生了什么事都跑过来看。过了一会儿，两人终于止住了笑。两人都很纳闷，为什么会这样呢？

"奇怪，不知道为什么刚才我怎么也无法控制自己发笑，而且流血的伤口一点儿也不疼？"教授说道。

"教授，我和您一样。也许是瓶子里的气体在作怪吧？"戴维说。

戴维为了验证自己的判断，又制备了好多瓶的这种气体备用。一天，他牙疼得十分厉害。牙科医生说要拔掉坏牙才行。戴维没办法，只好答应拔牙。

那时还没有麻醉药品。牙拔掉了，可戴维疼得直哼哼。他躺在椅子上。突然想到那天发生的事。于是，他立刻取来备用的一氧化二氮气体，用力吸了几口，慢慢地牙疼减轻了，可是他却忍不住哈哈大笑起来。

戴维终于证实了这种气体有麻醉作用，同时又能引人发笑。他把这种气体称作"笑气"。"笑气"的发现使病人开刀时的痛苦大大减轻了。

戴维发现"笑气"以后，立刻名扬欧洲。

富兰克林

富兰克林是美国 18 世纪的大科学家和政治家。他的父亲原来是英国人，为逃避教会当局的迫害，全家远度重洋逃到了美国。

1706 年富兰克林诞生在美国波士顿，家境不是很富裕。富兰克林从小喜欢读书学习。在他 8 岁的时候，因为家里有困难，进了一所公立小学。他的所有成绩都是优秀，因此父亲曾打算把他培养成牧师。但是，十分可惜的是，因为交不起学费，富兰克林只上了 2 年学，10 岁的时候就终止了读书。

富兰克林从小在海边长大，他热爱大海，平时和小伙伴们一起玩，经常被推选为"船长"，带领着小伙伴们驾着小帆船在海上航行。海上的气候是多变的，海浪汹涌澎湃，狂风怒嚎，他都不怕，从不惊慌，总是指挥自如。在大海里游玩，使他养成了不惧怕强暴，不怕困难的性格。富兰克林非常向往真的当一名船长，到世界各地去航行，但是他父亲坚决反对。

父亲为了拴住儿子的心，让富兰克林学手艺。木工、泥瓦工、铜匠什么的，他一学就会，但是一点兴趣也没有。父亲看他对学工匠一点也不喜欢，就让他在家里帮助经营小杂货店，在店铺里打杂、看守店铺。

富兰克林用管账的钱去买书。父亲发现此事后，不再让他管账了，每月只给他一些零用钱。富兰克林就用自己得到的钱买书。

他偷空就看书，看完了，就和小伙伴们交换着看。因此他手头的书籍是源源不断的。没用多久，能吸引他的书就都看完了。

父亲看他酷爱读书，在他12岁的时候，把他送进同父异母的哥哥詹姆斯经营的印刷所当学徒工。詹姆斯的性情暴躁，什么脏活儿、累活儿都叫富兰克林干。富兰克林都忍了。印刷所里有很多的书，富兰克林就利用这里特殊的条件，每天晚上读书到深夜。他对知识如饥似渴，因此他读了很多书，自学到了许多基础知识。

少年富兰克林用一切可以利用的机会读书。他从书中学到了很多的知识后，便开始学习写散文和诗歌。

在富兰克林15岁的时候，哥哥詹姆斯办了一份报纸，叫他学习检字，还叫他送报、卖报。刻苦的富兰克林这时已经能写很好的文章了。他很想试一试，把写的文章在哥哥的报纸上发表。他就把这样的想法告诉了哥哥：

"哥哥，能不能把我写的文章在你的报纸上发表？"

哥哥回答说："你不要瞎胡闹，写文章哪有那么容易呢？你还是老老实实地学习印刷技术吧，多练习检字技术，有了一技之长，就会一辈子有饭吃。"

尽管哥哥反对，但是他并不死心。于是他偷偷地写了一篇文章，落款用"莫名"的笔名。当夜深人静的时候，他悄悄地跑到印刷所的大门口，把封好的、写有收件人詹姆斯名字的口袋放到那里。第二天，詹姆斯还以为是哪位知名人士寄来的呢，仔细阅读了以后，对寄来的文章大加赞赏，马上就在报上发表了。文章见报后反应很好，使富兰克林大受鼓舞，大大激发了他的创作热情。富兰克林在一年之中写了很多的文章，一律用"莫名"这个笔名。并且利用送到印刷厂交给哥哥的这个投稿办法，这些文章又都在詹姆斯办的报上发表了。

1年多的时间里,"莫名"的文章在报纸上发表得多了,名声也就大了。詹姆斯决定要见见这位仰慕已久、名声大振的"莫名"先生。那么,怎样才能找到这位"名家"呢?他寄来的文章没有写地址,那就只有一个办法,就是晚上在印刷所的大门口等候他。于是詹姆斯真的每天晚上去等。他等了好几个晚上,等到的原来却是自己的弟弟。他埋怨富兰克林没有向他说明真相。富兰克林告诉詹姆斯:

"你如果知道那些文章都是我写的,肯定是不会采用的。"

听了此话哥哥也就无话可说了。

在富兰克林17岁那年,詹姆斯的印刷所倒闭了。此后富兰克林没有了工作,他的生活又非常困难了。

后来,富兰克林到了伦敦,当了印刷工人,来维持生活。他的生活是动荡不安的,但是,他并没有放弃学习。后来,他又辗转回到了美国。他自己积累了一些资金,开办了一家印刷所,创办了《宾夕法尼亚新闻报》,他担任主编,写一些读者喜闻乐见的文章,深受广大读者的欢迎。他的报纸获得了很大的成功。后来,他又创办了一所图书馆,并创立了美国哲学会。

富兰克林在生活中发现用于取暖的火炉不理想。特别是荷兰式的火炉,不装烟囱,使用起来烟雾弥漫;另一种德国式的火炉过于简单,简单得就像个大铁箱子,煤灰混杂。两种火炉用起来都让人感到不舒服,应该好好地改进。于是他开动脑筋,经过反复改进,终于制成一种特别的新式火炉,简单、美观、实用。这个火炉上面有盖,可以用来烧水;下面有炉板,既可以控制煤炭的燃烧,又可以拆卸煤灰;中间有一个洞,可以加煤,在炉膛内设有迂回保留热流的烟道,在烟筒内加了一层砖衬,防止热量迅速扩散。这个火炉比荷兰式和德国式都先进,受到了美国人的欢迎，并起名为"富兰克林火炉"。它的结构合理，价格便宜，使用方便，从美洲传到欧洲。火炉的发明引起极大轰动，从而把他引进了科学发明的道路。

10年后，在一个狂风暴雨的日子，富兰克林冒着生命的危险，把装有金属丝的风筝放上天空。忽然一道闪电掠过，他感到手中有麻木的感觉，他把手指靠近风筝末端的铜片，就立刻迸射出火花。他兴奋不已地说：

"我受到电击了！闪电就是电！"

当时，欧美对雷电的认识还很落后和愚昧，很多没有科学头脑的人，都认为雷电是"上帝发怒"。富兰克林决心要研究和探索雷电的真正原理。富兰克林用风筝做实验的消息写成文章发表后震动了世界，此后便有了避雷针。这篇文章还被译成很多种文字，富兰克林也因此被邀请为英国皇家学会会员，并被授予金质奖章。富兰克林是杰出的科学家，又是著名的政治家和作家。他在美国摆脱殖民统治和争取自由解放运动中，始终站在一线，参加起草《独立宣言》和第一部宪法。

1970年4月17日，富兰克林与世长辞。美国人民怀着深切悼念的情感致哀一个月。富兰克林在自撰的墓志铭中以"印刷工"自称。他是一位伟大而又平凡的人。

居里夫人

居里夫人是发现镭元素的科学家,是波兰人。她是科学史上仅有的获得 2 次诺贝尔奖金的两个人之一。

居里夫人的名字叫玛丽。1867 年 11 月 7 日,出生在波兰首都华沙的一个普通的、贫苦的教师家里。虽然,在他们的家里已经有 4 个小孩子了,但是多了一个女儿,父母还是很疼爱她。玛丽是第五个孩子,是最小的一个。老大也是女孩儿,比小五妹玛丽大很多。母亲生了玛丽不久,得了肺病,由大姐照顾小玛丽。哥哥和姐姐都很爱小玛丽。

在小玛丽 4 岁的时候,她看到哥哥姐姐们都在读书,也吵着要读书、认字。大姐教她认"波兰"两个字,只领着她读 2 遍,她就会念并且记住了。姐姐夸她说:"小玛丽记性可真好,真聪明!"大姐教她读诗,再长的诗也只需教 2 遍,玛丽就能一字不漏地背下来。为此,哥哥姐姐们都感到吃惊:"小玛丽聪明过人,真了不起!"

玛丽的爸爸是个物理教师,房间里摆满了瓶瓶罐罐,都是些做实验的仪器、标本,小玛丽最喜欢玩儿这些东西啦。她对爸爸说:"爸爸,我长大了也要学物理!"

爸爸为此感到惊喜,说:"好哇!我们的小玛丽长大当一个小物理学家,好不好?"

小玛丽拍着小手高兴得跳着说:"好,好!"

玛丽6岁上小学,上学的第一天,她感到学校里的一切都那么新鲜、美好。老师发书给她,她捧着书看哪,看!简直被迷住了。同学们看她那么入迷,想和她开玩笑,把凳子摞起来,搭成一个小房子似的,把小玛丽盖住了,她都不知道。一直到同学们憋不住了,哈哈哈地大笑起来,她才醒悟过来。

在玛丽上小学的时候,当时波兰是在沙俄的统治之下,政府规定必须学俄语,不准学波兰文。但是老师是很爱国的,总是偷偷地教学生波兰文。玛丽学得可认真了。她小小的年纪就懂得了亡国的痛苦。有一次,同学们正在学习波兰文时,突然门铃响个不停。那是门房通知教师视察官到校来检查的暗号。老师赶忙说:"快,快把俄文书拿出来!"

果然不出所料,视察官到教室来检查了,并且要求学生用俄语来回答问题。因为平时玛丽的俄语比别人都说得流利,因此校长只好让小玛丽来回答问题。

视察官问:"说出沙皇陛下的名字。"

小玛丽回答:"亚历山大二世。"

视察官又问:"是谁统治着你们的波兰?"

这是一个对波兰人民带有极其污辱性的问题,玛丽咬着牙齿,一字一字地回答着:"亚——历——山——大——二——世——陛下。"

视察官满意地走了。可是那视察官一走,玛丽痛苦地放声号啕大哭。老师抚摸着小玛丽的头说:"唔,可怜的孩子!"

在玛丽9岁那年,照管她的大姐因病去世了。大姐最疼她、爱她,对她照顾得无微不至。大姐没有了,小玛丽很痛苦。无独有偶,又过了2年,妈妈因长期患病又得不到医治也去世了。一连失

去了两个亲人,玛丽感到又痛苦、又孤独!但她化悲痛为力量,更加勤奋地学习。

玛丽在14岁那年进入中学学习。每天她从家里到学校必须经过的一个广场,在那里树立着一块石碑,这是沙皇表彰那些孝忠他们的走狗的。每次玛丽都要对着石碑狠狠地吐口水。这年暑假,读中学的二姐和读大学的哥哥都因成绩突出捧回了金质奖章。玛丽很羡慕,她说:"我也要好好学习,也要得到金牌!"

玛丽说到做到,在她中学毕业时,她的成绩全班第一,真的得到了金牌。爸爸高兴地说:"小玛丽得了优等金牌,不知爸爸有多高兴!只可惜妈妈不在了……"

玛丽中学毕业了,可烦恼也就来了。因为本地的大学不招收女生,女生要读大学必须到国外去学习。玛丽的同学有的是爸爸在巴黎大学给报了名,有的是到斯德哥尔摩文理学院去读书。去国外读大学要用很多的费用,玛丽的学费从哪里来呢?玛丽决定去当家庭教师,挣点学费。这时有的同学介绍她到"流动大学",说这是爱国青年们的秘密组织,老师用波兰文教授解剖学、博物学、社会学等等,凡是进"流动大学"的学生有义务去帮助工人、农民认字,提高本民族的科学文化水平。这很危险,如果被抓到,是要坐牢的。玛丽毫无畏惧地报了名。她在"流动大学"呆了一段时间,经过锻炼,玛丽的求知欲更加旺盛了。她决心进大学深造,以便对祖国做出更大的贡献。于是,她再去应聘家庭教师,想挣点学费。

这时候二姐也在做家庭教师。玛丽得知二姐也在为出国学习攒学费时,心中突然爆发出了一种想法。她对二姐说:"二姐,我们两个人可以联合起来攒钱。我先供你读书,等你大学毕业后再供我读大学。"

二姐听了玛丽的想法，眼睛里饱含着泪花说："这是一个好办法，我的好妹妹！"就在玛丽18岁的那年，姐妹俩按照已经定好的计划各奔前程了。在二姐走的时候，玛丽去送她，说："二姐，你放心，家庭教师是管饭的。我一拿到年薪就全部寄给你！"

1891年，二姐大学毕业了，当玛丽接到来信要她马上去巴黎上大学时，她心里就别提有多高兴啦！她多年的愿望终于实现了。

在巴黎，玛丽白天要去教书，雇主非常刻薄，给的钱很少，要求却既多又高。晚上她就一个人孜孜不倦地攻读社会学、物理学、解剖学等等。玛丽勤奋努力，不敢浪费半点时间，既要挣学费，又要学习，真是咬紧牙关过日子。功夫不负苦心人，经过努力，玛丽先后获得了物理学、数学学士学位。

在1894年，玛丽结识了物理学家居里，为科学事业献身的共同理想使他们结合在了一起。

1898年，玛丽对当时已经知道的80种元素进行测试，发现了2个比铀的放射性更强的新元素。玛丽兴奋极了，决定用祖国波兰命名这两个新元素。这两个新元素一个叫钋，一个叫镭。特别是镭的发现，为人类探索原子世界的奥秘打开了大门。镭还能用来治疗癌症，给人们的健康带来了福音。玛丽——居里夫人因而2次荣获诺贝尔化学奖。

诺贝尔

诺贝尔的全名叫阿尔弗雷德·诺贝尔。他是瑞典人,是举世闻名的科学家。他 1833 年生于瑞典首都斯德哥尔摩一间普通得不能再普通的小房子里。诺贝尔有两个哥哥,加上他,家里有 5 口人,因此生活并不是很宽裕。他父亲有文化,头脑聪明、机智能干,喜欢机械设计,可是发明出来的东西却无人问津,因此生活拮据,日子越来越困难。

尽管家境贫困,孩子到了上学的年龄,母亲还是把诺贝尔和两个哥哥送进学校上学。学校的同学们穿得很漂亮,他们兄弟三人却是粗布旧衣,但他们并不感到不好意思和丢脸。

在学校里,诺贝尔上课注意力集中,专心听讲,从来不东张西望分散精力。因此,老师所教的课程,他都能深刻领会,并能举一反三,灵活运用。他的成绩总是全班最优秀的。诺贝尔自幼瘦弱多病,因此经常请假,但他还是名列前茅的好学生。

平时放学回家以后,诺贝尔不喜欢到处乱跑。他总是喜欢看爸爸制作东西,要么就在屋子里一个人琢磨。有一次,妈妈到诺贝尔的房间,看到诺贝尔的屋子里摆满了各种的机械零件,妈妈惊奇地说:"哎呀,我的小诺贝尔,你还是个小小发明家呢!"

小诺贝尔不好意思地说:"妈妈,我脑子里正在琢磨着组装机器,发明东西呢,过不了多久,就可以给你看了!"

在小诺贝尔 10 岁那年,全家搬迁到俄国的彼得堡。他的父亲在那里开设了一家工厂,生产火药和地雷、水雷。父亲为了孩子们的学习,请了一名教师专门教他们俄语。小诺贝尔聪明伶俐,很快就学会了俄语。后来,他又学会了德语、意大利语和机械、物理、化学等方面的知识。

诺贝尔经常到父亲的工厂里去玩,对那些转动的、轰隆隆的机械和黑色的火药非常感兴趣。每次去他总是这里摸摸,那里看看,当人们不注意的时候,就悄悄地把火药带回家里一些。等到夜深人静,人们都入睡时,他就偷偷地把火药放进纸筒,点着火,火药就嗞嗞地冒烟,喷出美丽的火花。这时,他总是忍不住高兴地叫起来。

"哈,哈,哈! 真好玩! "

这样经过了几次,诺贝尔的胆子也就大了起来,他总是模仿爸爸的发明,把火药用纸包起来,包成一个一个的圆团团,再用纸搓成长条形的导火线,试着做成小地雷来玩。他还觉得不过瘾,于是就用小铁罐装上火药。他说:"也许这样更像爸爸做的水雷了。"幸好被爸爸发现了,制止了诺贝尔这危险的游戏,并警告他:"这太危险了,今后不准你再玩火药,这可不是闹着玩的,会出大事的! 可不得了哇! "

诺贝尔总觉得爸爸是吓唬他,还很不高兴,心想:"你不让我摸你的火药,我自己来造! "于是,他找化学书,自己学习化学,知道火药是由硝石、炭末和硫磺混合而成的,就偷偷地把这三样东西弄到手,自己关起门来做试验。第一次,各种东西的量放得少,配起的药劲儿特别小,没有威力。他慢慢试验,配量一次比一次加大,又不断地变换配方,因此,威力自然就一次比一次加大了。这时,他禁不住地大叫着:"哈! 我成功了! 我成功了! "爸爸得知此事后,警告他说:"你的研究精神不错,可是现在就搞这个研究,为时太早了一些,你现在应该努力读书学习,长大后,搞个像样的实验室也不迟。"

危险的试验被爸爸禁止了,但是诺贝尔从玩耍中却发现了火药包扎得松紧与爆炸的强度是成正比的原理。

在诺贝尔16岁那年,爸爸就让他到美国、德国、丹麦等国留学,学习先进技术。他在那里,参观了各种实验室,专门听取讲解,获得了许多新知识。回国后,他不顾一切危险,将生死置之度外,从事新的试验。他先后发明了雷管和威力巨大的硝化甘油火药、炸药,以及明胶炸药、炸弹和混合无烟火药。

诺贝尔的这些重大发明,有利于开采矿山和用于和平建设,但也被一些好战分子用于战争,给人民造成巨大的损害和伤亡,为此他深感痛心。他决心留下一份有益于人类幸福与和平的遗嘱:"我献出我的全部财产,用它的利息设立下列五项奖金:

一、物理学奖;

二、化学奖;

三、生理奖;

四、文学奖;

五、和平奖。"

1896年12月1日,世界著名科学家诺贝尔逝世了。他那为祈求世界和平而设立的诺贝尔奖,在世界和平事业中永远放射着灿烂夺目的光芒。后人中,凡是对人类、对和平做出巨大贡献的人都将受益,直至永远。

巴克拉

英国是老牌的经济强国，世界的工业革命就是从英国开始的。英国的工业发达，工厂企业很多。工业技术自工业革命起就称雄世界，到第二次世界大战以后才开始衰落的。

巴克拉，出生于英国温德尼斯的一个工人家庭。他自幼聪明好学，对物理、化学有着浓厚的兴趣。中学毕业那年，校方专门给他的父亲写了一封信，劝他设法创造条件，让巴克拉在理化方面显示出来的才智能够得到充分的发挥。他父亲约翰·马丁·巴克拉，当时是亚特拉斯化学原料厂的工作人员，为了让儿子直接接触到化学世界的种种奇妙变化，他干脆把全家搬到化工厂附近去住。

亚特拉斯化学原料厂有一座规模宏大、设备齐全、人才济济的理化实验室。巴克拉对这个实验室非常感兴趣，一有空就往那里跑，实验室里五光十色、变幻莫测的各种化学实验，把这个少年深深吸引住了。他细细观看，默默思考，并敢于向实验室的化验员和研究员大胆提问。你还乐于帮他们打杂，为他们跑腿。就这样，耳濡目染，他一步步跨进了化学世界的奇妙天地。

暑假开学前的一天下午，巴克拉像往常一样，正高高兴兴地往实验室走去。当他刚要跨进实验室的大门时，迎面闯来一个神色傲慢，衣履豪华，年龄跟他相当的少年。这人劈头就问他：

"你是谁？为什么往这研究重地乱闯？"

倔强的巴克拉，见到这种傲慢的人用这种不友好的态度向他发问，当然毫不示弱："你能来，我就能来！"

巴克拉这句话还没说完，"啪"的一声，他的脸上就挨了一记耳光。他怎能容得对方这样无礼，这样肆无忌惮。他上前一步，一把抓住对方的衣领，要和他评理。这时，实验室的工作人员都闻声过来，这些人，虽然平时与巴克拉还相处得不错，但这时却全然换了一副面孔。他们非但不主持公道，反而奚落了他一番。巴克拉有口难开，气得嘴唇发紫，浑身发抖。

侮辱巴克拉的不是别人，正是这个亚特拉斯化学原料厂厂主的长孙。人世间趋炎附势者从来是不问青红皂白的。事后，一些人居然还要巴克拉的父亲向工厂的小主人正式道歉。为了这场令人难忍的委屈，小巴克拉气得害了一场大病，卧床好几天。病愈后，他再也不愿去那实验室了。他发奋读书，决心以自己的成就来洗刷这一奇耻大辱。功夫不负有心人，他23岁那年，终于在利物浦科学研究院取得了成就。

巴克拉25岁时，出任伦敦英国皇家科学院现代电学教授。事情真是无独有偶，那个8年前打过他一记耳光的厂主的长孙，今天竟成了他的学生。这对巴克拉倒没有什么，他是一个正直的科学家，既然他已用自己的成就洗刷了过去的耻辱，就再也不把它挂在心上了。他只想如何把知识传授给学生，所以，不管是谁，他都一视同仁。但那个厂主的长孙却自惭形秽，没脸来听他的课，只上了一堂课，便要求转学了。

伽利略

伽利略是意大利人，是著名的物理学家、天文学家。他发明了温度计及最早的望远镜。他是一个极其善于思考的人。

伽利略自幼就是一个忠诚的天主教徒，每个星期都要到教堂去做礼拜。意大利的教堂，一般都是非常讲究的建筑。有一天，黄昏时刻，伽利略到比萨大教堂去做礼拜。这是意大利最大的、最豪华的教堂，高大宽敞，金碧辉煌。但当时只是用油点燃的灯。吊灯是用很长的吊竿从天花板上悬挂着吊起来的。点灯的人碰着它或者是风吹进来的时候，这些灯就会像钟摆一样来回地摇摆。

这天作礼拜的人很多。虔诚的教徒们都在专心地听讲圣经。忽然，一阵风从外面吹进来，悬挂在教堂半空中的铜吊灯就摆动起来，晃来晃去的，引起了伽利略的注意。他盯着这些吊灯很久，注意观察这些吊灯晃动摇摆的规律。他发现，不论吊灯摆动的幅度有多大，摆动的时间总是相等的；他看到，悬挂在长度相同的竿子上的灯，来回摆动的时间是一样的；而挂在比较短的竿子上的灯，比挂在较长的竿子上的灯摆动得快一些。伽利略望着它们不停摆动，若有所思。忽然，又一阵比较大的风吹进来，吊灯大幅度地摆动起来。伽利略用右手腕上的脉搏开始数数：一、二、三……一共是 20 下。当吊灯的摆动幅度变小时，他又重复了刚才的方法，结果每次摆动仍是 20 下。他得出了结论：吊灯的摆动和摆动幅度的大小是没有关系的。

回到家后，伽利略心里还在想着那吊灯的事。他到自己的房间里，开始试验起来。他找来一些绳子，把它们剪成长短不同的小绳子，然后都从天花板上吊下来，每根绳子的下端都拴了砝码或重物，每根绳子就成了一个摆。接着他摆动绳子，使它们就像教堂里的吊灯一样摆动。他发现摆动一次所用的时间，跟所吊的物体的重量是没有关系，而和摆的长度有关系。

经过长时间的试验，他发现，绳子越长，摆动得越慢，摆动一次所需要的时间就越长；相反的，绳子越短，摆动得越快，摆动一次所需要的时间就越短；如果绳子的长短一样，那么每次摆动所需要的时间也就一样。这就是伽利略发现的"摆的等时定律"。

现在的钟摆和手表上时针、分针与秒针的原理，就是根据伽利略的这个"摆的等时定律"而来的。

后来，伽利略又根据这一定律，发明了测量脉搏的"脉搏器"。

伽利略是一个勤于思考的人，他每时每刻都在思考问题，总在探索事物的道理，一生对世界科学做出了巨大的贡献。

贝　尔

公元 1847 年 3 月 3 日, 亚历山大·格雷厄姆·贝尔生于英国苏格兰的爱丁堡。他的父亲和祖父都是研究声学的学者。他的父亲甚至试图教过聋哑人说话。由于家庭环境的影响, 贝尔从小就对聋哑人十分同情, 并对语音产生了浓厚的兴趣。

小时候, 贝尔喜欢养麻雀、老鼠之类的小动物。他觉得动物的叫声美妙动听。上小学时, 他的书包里, 除了装课本外, 还经常装有小昆虫、小老鼠等。

有一次, 老师正在讲《圣经》的故事, 忽然从他的书包里窜出一只老鼠来, 同学们吓得躲的躲, 叫的叫, 教室一时大乱。老师怒不可遏, 觉得这样的学生不可教, 就把他轰出了学校。

后来父亲把他送到祖父那里, 由祖父来管教。祖父知识渊博, 对贝尔管理却很严。祖父深谙少年的学习心理, 他不采取填鸭式的方法, 强逼贝尔硬背书上的东西, 而是培养贝尔的学习兴趣。很快, 贝尔变了, 他不仅学习努力, 成绩进步, 而且品德优良, 经常助人为乐。

有一次, 贝尔看到附近有一位孤独的老人, 经常用笨重的水磨磨面。老人体弱, 小贝尔很同情他, 约了一群同学下课去帮老人磨面。可是, 几次下来, 小伙伴们嫌推磨太累, 一个个溜之大吉, 只剩下小贝尔一人在坚持。

聪明的贝尔想，推磨很辛苦，怎样才能使它省力呢？他想设计一个新的水磨。为此，他借来了许多书，照着上面的图，画了一张又一张。经过1个多月的反复琢磨，他终于设计出一张新的水磨图。

他把设计图拿给几个工匠看，大家觉得这种水磨很灵巧，于是一起动手制成一台省力的新水磨。

以后，那位老人也换上了这种新水磨，他很感激小贝尔，逢人便说："小贝尔有一颗善良的心。"

贝尔17岁时进入爱丁堡大学，他选择了语音作为自己的专业。毕业后，当了聋哑学校的教师。这期间，他和父亲一起，致力于研究如何使聋哑人说话。这一对父子的高尚行为，得到了当地民众的称赞。

有一次，贝尔在做聋哑用的"可视语言"实验时，发现了一个有趣的现象：

在电流流通和截止时，螺旋线圈会发出噪声。

"电可以发生声音！"思维敏捷的贝尔马上想到，"如果能够使电流的强度变化模拟出人在讲话时的声波变化，那么电流将不仅可像电报机那样传输信号，还能输送人发出的声音，也就是说人类可以用电传声。"

贝尔越想越激动。从此他开始研究试验，终于在1875年试验成功，两年后，世界上第一部电话诞生了。

卢诺尔曼

卢诺尔曼是法国人，他在少年时期就发明了降落伞。

卢诺尔曼从小生长在一个知识分子的家庭，从小受知识的熏陶，喜欢看书，富于幻想，聪明灵活的小脑瓜里，常常冒出一些一般孩子们认为不可思议的念头。

他的家在城市的近郊，那里风景秀丽。在他家附近有一座高塔。那还是在他很小的时候，卢诺尔曼常和一些小伙伴们到这座高塔上玩。他们折一些纸飞机呀、小鸟啊，带到塔上放飞。他们看到自己的杰作从塔上飞下来，有说不出的成就感。一次，站在高塔上，卢诺尔曼突发奇想说："要是我也能像小鸟那样在天空中展开翅膀自由自在地翱翔，那该有多好啊！"

小伙伴们听了卢诺尔曼的话，都叽叽喳喳地议论起来了。有的说有一个大气球坐上去能飞也不错；有的说把伞张开抓住它就可以飞下去了；也有的说要是腿长长的一下子就可以迈到地上了……七嘴八舌乱说一气，但是那个说乘着一把张开的伞可以飞下去的话，却深深地印在卢诺尔曼的脑子里了。

卢诺尔曼长大一些后，那个飞翔的梦想还一直在他的脑子里萦绕着，挥之不去。尤其是有一个小伙伴说的乘着一把张开的伞就可以飞的话，大大启发了他。于是，他真的要做一个大伞，乘着伞飞落下去。他开始看很多的书，搜集资料。有一次他看到了一篇小说，书中讲述了主人公在一次保卫祖国的战役中被俘虏后，关在一所很高的碉堡里。他想从这碉堡上逃走时，决定把两条被单的角系在一起，然后形成一个兜，两只手抓住被单的两端，被单可以兜住风，利用风的力量，他缓缓地飘落到地面上了。这个情节给了卢诺尔曼很大的启发。他根据这个故事，经过反复地琢磨，设计制作了第一个可以降落的伞。他决定到塔上试降。

当他要试降的消息传出去后，很多好奇的人都来看热闹，一传十，十传百，来的人把塔的周围围了个水泄不通。人们都为他担心，议论纷纷。为了保险起见，卢诺尔曼先把一块和他体重差不多的石头扔下去，像盛开的鲜花似的降落伞坠着石头，缓缓地落在地上。

卢诺尔曼看到这种情况，增强了信心。他便决定亲自"飞"下去。只见他用手紧抓住降落伞底部的绳子，轻轻地往塔外一跳，他真的像小鸟一样悠悠地、缓缓地飞翔着，慢慢地落在了地面上了。

周围看热闹的人们见到卢诺尔曼安全地落在了地上，都不约而同地喊起来："降落成功啦！""降落成功啦！"卢诺尔曼也高兴地大叫着："哇，成功了！成功了！"后来，人们又经过反复试验和改进，制作出了真正的降落伞。从此，降落伞在军事科学、战事、体育事业和民用事务等方面被广泛使用。

哥白尼

哥白尼是波兰人，是创立了太阳中心说的天文学家。

1473 年，哥白尼诞生在波兰托仑城。他父亲是当地的市长，社会地位很高，见多识广，大家都很敬重他。哥白尼出生在这样的家庭，环境优越，他为有这样一位父亲而自豪。

早在上小学的时候，哥白尼就被天上的星星月亮吸引住了。他经常在晚上坐到窗前，兴趣盎然地凝望繁星闪烁的夜空。有一次，哥哥问他："弟弟，你为什么夜晚常常守在窗边，看着天空发呆？"

哥白尼解释说："我是在观察天象，想探寻天上的奥秘。"

哥哥说："天上的事情有神学家操心，凡人岂能干预呢？"

"为了让人们望着天空不感到害怕，我要一辈子研究它！"

后来，他的父亲经常外出做买卖，哥白尼总是到码头去等父亲。在码头上一些水手常常谈论起远航时，天上的星辰怎么给他们指引航行方向的事情，这是哥白尼平时很少听说过的，他听得津津有味。

父亲教给小哥白尼很多的知识和做人的道理，使他很小就懂得长大要做什么样的人。因此哥白尼人从小志气高。这都是父亲教育的结果。可是天有不测风云。这一年，城里发生了严重的瘟疫，流传很广泛。哥白尼的父亲也不幸被传染。教父为他父亲祈祷："主啊，请你宽恕他……"讨厌的教父披着黑色的袈裟活像一只大蝙蝠,能带来什么好运?哥白尼父亲是个大好人,是个虔诚教徒,可是灾难为什么降临到他的头上呢?主一点也不保佑他,主是干什么的呢?哥白尼对这些一点也不明白。据教父说,天空好比法庭,天主就好比法官,每个人都有颗星悬在天上,预兆着凶吉祸福……

教父的话神秘莫测,让哥白尼越听越不懂、越糊涂。父亲去世了,再也见不到亲爱的爸爸了,他伤心极了。从此,哥白尼决心长大后研究星空,解开这个谜。父亲去世后,舅舅务卡施把哥白尼送到文化名城沃瓦维克的中学去读书。哥白尼知道父亲希望他做一个有才华的人,做大事。因此,他在学校里读书很用功。他特别喜爱天文学。

老师沃德卡非常喜欢哥白尼,总是把自己的书借给他看,还喜欢和他一起讨论天文学。他们时常在一起观察星象。有一天,夜已经很深了,哥白尼和老师在教堂的塔尖上观察星象。深邃的天穹,星光闪烁,展现在他们面前的是奇妙的、深奥无比的星空世界。他们有说不完的话题,共同的爱好使这师生俩成了亲密的朋友。

哥白尼的舅舅务卡施有许多提倡科学、反对神学的朋友,哥白尼很钦佩他们。卡里玛赫是意大利的革命诗人,他因在罗马组织推翻教廷统治而被驱逐出境。他是哥白尼心目中的英雄。卡里玛赫认为:"研究天文学有2件法宝:一件是要把数学学到家;一件是要客观地观测。要记住,天体不是人类的奴仆,要尊重它独立的特性。"卡里玛赫的这些主张对哥白尼来说就像指路明灯,给哥白尼的研究天涯指明了道路。

中学毕业后,在舅舅的安排下,16岁的哥白尼进了克拉科夫大学读书。这是欧洲闻名的高等学府,沃依策赫老师又是全国首屈一指的天文学家,哥白尼为能上这样知名的大学,有这么好的老师而高兴!每当沃依策赫老师上课时,哥白尼都是提前到教室,特别专心地听讲。那些陈腐的学说、愚昧偏见，被沃依策赫老师三言两语驳斥得体无完肤。哥白尼如饥似渴地听讲，每一次听完课，他都向老师提出一些问题。有人问哥白尼："你对天文学那么钻研，想必是这学问挺有趣，对吗？"

哥白尼说："第一步是好奇；第二步是勤奋；第三步是恒心。"

沃依策赫老师鼓励哥白尼多看书，勤思考。于是，哥白尼拼命地看书。学校图书馆内天文学和数学方面的书，他都读了。

哥白尼常常为搞清一些疑难问题而废寝忘食，为此人也日渐消瘦。当他看到意大利的水手哥伦布为探明地球形状而不辞辛劳远涉重洋的消息时，他对老师说："我倒希望哥伦布建造一种飞船，在星空间航行，去发现宇宙的秘密。那我就做这艘飞船的第一任船长，去探索、去观察。我的理想在高高的天空上。"

老师说："孩子，现在你已经累得面黄肌瘦，值得吗？"哥白尼说："值得，老师，我像口渴的人，用嘴凑近水源，并不是为了一口饮尽，而是要探求真理的汪洋大海！"

刻苦的学习，知识的积累，努力的钻研，使哥白尼的研究越来越深入。一个伟大学说体系的轮廓在他的脑海里越来越清晰了。哥白尼发现：所有的行星绕着太阳运转……地球每昼夜自转一周，每年绕着太阳公转一转。

在1532年春光明媚、阳光灿烂的一天，哥白尼终于写完了《运行》一书的最后一个字，一部划时代的著作诞生了！它完整地提出了"太阳中心说"的理论，宣判了"地球中心说"理论的死刑！但是神学论者并不甘心失败，罗马教廷的宗教裁判所宣布"太阳中心说"理论是大逆不道的异端邪说，哥白尼也遭到种种迫害。1543年5月24日，哥白尼在病榻上抚摸着刚出版的书，闭上了双眼。直到19世纪20年代，教廷才取消了刊印出版哥白尼著作的禁令。

伦　琴

提起 X 射线,少年朋友们会马上把它和医院联系起来。在 X 光室,医生可以为你透视肺部,看看肺上有没有病;手脚受伤了,医生也要叫你先拍一张 X 光片,看看骨头断了没有,伤在何处,然后再进行治疗。其实,X 射线除了能诊断疾病之外,在工业、科学研究领域也发挥着重要的作用。但是你知道吗? 当 19 世纪开始时还没有一个人认识这 X 射线哩!

19 世纪 20~30 年代,为了探索雷电的奥秘,发现电的本质,许多物理学家煞费苦心地在实验室进行人工模拟雷电的研究。

要模拟雷电的发生,首先要进行大气人工放电实验。在一个长长的玻璃管的两端,一端封入一个正极,一端封入一个负极。当通上高压电流时,管内的气体就会放电,发出美丽的光线。这光线好像是从负电极也就是从阴极发出的,所以人们认为这种现象是由"阴极射线"引起的。这种光线碰击玻璃管壁时,玻璃就发出淡绿色的光。如果把某种化学物质放在玻璃管附近,这种物质就会发出比玻璃管更亮的光,这种现象被称为"冷光现象"。

"冷光现象"深深地吸引了德国的一位物理学家伦琴的注意,他想弄清楚这种奇怪光线的来龙去脉。

伦琴猜想,这阴极射线管内淡绿色荧光可能是由管子内剩余的空气引起的,或者是飞散的阴极射线打到玻璃上产生的。为了证实自己的猜想,他对阴极射线做了进一步研究。

伦琴怕实验用的荧光板受到管子内闪光的影响,而降低实验的精度,就取来一张黑纸,把管子里里外外都遮好;同时还关闭了实验的门窗,不让一丝光线射入。准备工作做好后,他打开阴极射线管的电源,同时把荧光板放到管子边开小孔的地方,荧光板上顿时闪闪发光。当他把荧光板往后放一点儿,却不见闪光了。为了证明这不是偶然现象,伦琴反复做了几遍,结果都一样。他认为这是因为阴极射线射程很短,一跑远,就被空气粒子碰撞而飞掉了。

一天,伦琴吃完早餐,又来到实验室,像往常那样开始做实验。他先把阴极射线管包好,不让一丝光线进入,然后打开开关。咦!荧光板上怎么会有闪光?他觉得很奇怪,就顺手拿起了荧光板。这一来使他毛骨悚然:一个完整的手骨的影子出现在荧光板上,吓得他浑身直冒冷汗。他简直不相信自己的眼睛,这究竟是在做实验还是中了邪魔?当他精神镇定了以后,手的影子也消失了。伦琴决定再进行实验。

于是他打开了灯,再仔细检查阴极射线管是否包裹好,当一切准备妥当,他又重复做了刚才的实验。啊!奇妙的光线又出现了,手骨影子又出现在荧光板上。再一次实验成功,说明所发生的现象并非出于偶然,而是确确实实的实验事实。伦琴敏感地认识到这光线肯定不是阴极射线,因为阴极射线射程短;现在这射线能透过玻璃、黑纸、手,说不定是一种人类未认识的新射线。他越想越兴奋,越想越要马上揭开这射线的谜。他在迫切的心情下不停地工作着,有的时候竟不吃不睡。

有一天,他的老师看他连续做了几天的实验,实在太累了,就说"我来告诉你答案吧。"伦琴倔强地把头一歪:"不,谢谢,我一定要用自己的实验寻求答案。"这种严谨扎实的精神鼓舞着他探索这种新射线的奥秘,也造就了伦琴的成功。

伦琴拿了许多种东西,如木头、铁块、橡胶,一一放在阴极射线管和荧光板之间,结果那种神奇的射线都把它们穿透了。后来他放上一块儿铅,又换了一块儿铂,终于挡住了这种射线。

一连几天的实验使伦琴感到很疲倦。这一天,他伏在工作台上睡着了。伦琴的妻子是位很体贴他的女人。她悄悄走到丈夫身边,拿了一件衣服轻轻给他披上,谁知还是惊醒了丈夫。他马上站起来拉着妻子的手说:"来,给你做个实验。"他把妻子的手放到一个平台上,打开阴极射线管的电源开关,荧光板上立即显示出一只手骨的图像,妻子惊喜万分:"是什么射线具有这么大的魔力!"

伦琴答道:"我也不知道,是一种无名的射线。"妻子脱口说道:"还是个X!"伦琴听了,眼前一亮,连声说:"说得好,就叫它X射线吧!"

从此,伦琴发现的射线,就一直叫"X射线"了;人们为了纪念伦琴,有时也叫它"伦琴射线"。

X射线的发现被称为19世纪物理学三大发现之一,伦琴也因此成为第一个荣获诺贝尔物理奖的科学家。

富尔敦

富尔敦是一个发明家。

罗伯特·富尔敦于1765年出生在美国一个农场工人的家里。少年时代的富尔敦是一个善于幻想的孩子，会自己编故事自己讲，讲得娓娓动听。他还是一个善于绘画的小家伙。

一天，富尔敦和同学们一起去河边钓鱼，钓了好半天也没有钓上鱼来，有的同学腻烦了，就悄悄地去捉蜻蜓了。而富尔敦却仍然耐心地钓着。钓呀，钓呀，富尔敦困了，便躺在草地上睡着了。

那些捉蜻蜓的同学们回来了，一看富尔敦已经躺在草地上做开了美梦。有一个同学刚要上前叫醒他时，另一个同学说：

"别惊动他，叫我来！"

说着，这个同学就用一根小草捅富尔敦的鼻子。"啊嚏！"富尔敦打了个喷嚏，醒了。他用手揉了揉发痒的鼻子。同学们都认为他一定生气了，但没想到富尔敦却带着一种懒洋洋的神情，翻了个身就又闭上了眼睛，说：

"别打扰我，我有正经事！"

"啊，睡觉也是正经事呀！"

同学们都觉得他可笑，便哈哈大笑起来。笑了一阵子，他们把富尔敦左翻右滚地折腾起来，让他睡不成。富尔敦索性就一下坐了起来，歪着脑袋沉思。

"讲个故事吧，我们早就玩腻了。"

富尔敦揉了揉眼睛，说："我刚才做了个梦，让你们给搅醒了。"

"那就把你的梦讲给我们听吧！"

富尔敦真的兴致勃勃地讲了起来：

"我梦见一条大船，船上有一个大烟筒，烟筒里冒着黑烟，船旁边有两个大水车，水车转动着，船就往前走，虽然没有橹，但走得很快……多有意思！如果不是你们捣乱，我一定会看个明白的！"

"我以为是个什么好梦，原来就是一个不用橹就会走的船！这纯属胡诌出来的故事！"

是啊，当时是18世纪末，世界上所有的船都是靠风力扬帆，或是靠人力摇橹行驶的。因此同学们就认为富尔敦的梦是不可能实现的。

后来，富尔敦长大了，他最大的兴趣是搞发明创造。在1797年，富尔敦试制过长6米、直径为2米，名字叫"鹦鹉螺"号的潜艇，但是这个潜艇并没有被采用，也没有得到支持，因此也就放弃了。在制作潜艇的过程中，富尔敦取得了一些经验，就是在这个时候，他遇见了罗伯特·利文斯顿，两人一见如故，志同道合，越谈越投机。

罗伯特·利文斯顿很想发明汽轮船。当时美国政府很重视鼓励发明创造。可惜的是罗伯特·利文斯顿对汽轮船的发明一点也不懂。因此，当他听说富尔敦热心研究汽轮船的事情时，大加赞赏。他对富尔敦很器重和赏识，并让富尔敦做了他的女婿。这样，富尔敦在研究汽轮船方面就有了经济上的可靠保障。

1803年，富尔敦开始在巴黎进行了轮船模型试验。他以百折不挠的精神，日夜奋战，前后共试验了 9 年。每次试验，他都做详细的记录，然后进行比较。他历尽艰辛，在试验中取得了一些必要的、可靠的数据。

富尔敦和利文斯顿在许多人的帮助下，在法国建造了一艘汽轮船，在 1803 年 8 月 9 日于巴黎的塞纳河上进行试航。这艘轮船长 21 米，宽 2.5 米，外轮的直径为 3.6 米，并安装了铜的蒸汽锅炉和一台 8 马力（约 6 千瓦）的蒸汽机。尽管这船的结构简单，样子奇怪，行驶起来和步行的速度差不多，但它毕竟是一个新生的产物，是人们想像中的交通工具和运输工具。试航的成功得到了巴黎人民的喝彩。

不幸的是，在当天的晚上，突然狂风骤起，风雨交加，这个初生的婴儿——汽轮船被摧毁了。但是富尔敦并没有泄气，相反，他一鼓作气，连续奋战了 20 多个小时，从水中打捞出机器。狂风虽然摧毁了汽轮船，但是并没有摧毁富尔敦的决心和意志。他和工人一起，又建造了一艘蒸汽船，并且试航成功。大家备受鼓舞。

在 1807 年 7 月 4 日这天，美国的哈得逊河上停着一艘木制的汽轮船，船上立着一个大烟囱，烟囱里冒着黑烟，船体两侧各有一个大水车式的旋转机械，张扬着白色风帆，但没有橹。这艘船被命名为"克莱蒙特"。在哈得逊河的岸上挤满了观众，人声沸腾……

7 月的天气异常炎热，早晨 9 点钟的时候，人们就觉得很难受了，但是人们却不肯离去。有人撑着伞、有人摇着扇子，都耐心地等着参观富尔敦研制的、当时是世界上第一艘汽轮船的公开表演。

10 点钟了，人们有绅士打扮的；有学者教授模样的；年老的、年轻的；还有妇女儿童们……都在富尔敦的陪同下登上了蒸汽船。

富尔敦领着大家围绕着船巡视了一圈儿，他一一介绍了船上的每个机械的性能和作用，大家共同称赞他奋发研制的成功并表示祝贺。人们坐在特设的船舱里。蒸汽船在富尔敦的亲自驾驶下，机房里的机声隆隆，烟囱冒着浓浓的黑烟，两侧的水车拍击着河水，缓缓开动起来。岸上的观众们欢呼着，船上的客人们频频招手。船在前进，两岸的自然风光尽收客人们的眼底，凉风从船上掠过，给人以诗情画意的感受。

但是，在前进中，黑烟、火星不断地飘落着。所有的客人都不得不对随风飘来的黑色烟尘格外多加小心。客人们艰难地、不安地度过了一个漫长的夜晚。经过长达32个小时的旅行，他们终于到达了目的地——阿尔巴尼城。

纽约到阿尔巴尼城一共240千米，如顺流而下，乘上帆船，也要走48个小时，而富尔敦的汽轮船只用了2/3的时间就完成了全部行程。当然是一桩了不起的成功。富尔敦当之无愧地戴上了"蒸汽轮船之父"的桂冠。

高 斯

高斯出生在德国的一个普通家庭里，家里的生活是很困难的。他的父亲是一个小杂货店的账房先生。有一次，父亲结算几个人的工资，算了半天，累得满头大汗，好不容易算出来了。但是，高斯却说："爸爸，您算得不对！""你怎么知道的？"父亲不以为然地说。"我是用心算的呀！"高斯嫩声嫩气地说，"不信您再算一遍。"

父亲仔细一核对，果然发现算错了，而儿子说的总数是对的。他又惊又喜，把儿子抱起来亲了又亲，兴奋地说："聪明的孩子，过几天爸爸就送你上学去！"高斯8岁开始上学，是一所农村小学校。在学校里，教高斯他们班算术的是一位从城里来的老师。他对教农村的小学满腹怨气，有时候还发脾气、骂人。不过，高斯倒是很喜欢这位老师，因为他经常讲一些课本上没有的知识，这使高斯很感兴趣。有一天，这位算术老师又生气了。当他夹着一本小说，阴沉着脸走进教室时，学生们心情顿时紧张起来，生怕又要遭到无故打骂。不过这一次，老师没有大声嚷嚷，只是板着脸说："今天给你们出一道算术题，谁算完了，就可以先回家吃饭；如果谁要是算不出来，就甭想回家吃饭了！"说完，他在黑板上写下了一道算数题，题是这样的："1+2+3+4+5……+100=？"同学们乖乖地低头做题，老师跷着二郎腿看起了小说，可没有等他看上两页，小高斯就站起来说:"老师,我算出来了!"然后就用手举着自己的小石板,跑到老师面前,拿给他看。老师很不客气地说:"去去去!回到座位上再算,你肯定算错了!"小高斯不服气,说:"老师,我想这个答案一定是正确的,是不会错的!"

开始,老师没有说话,只是"啊"了一声。停了一会儿后,他又问:"那你说说,你是怎么这样快就算出这道题的?"

高斯理直气壮地说:"我发现这许多数中,一头一尾两个数相加的和都是一样的,1 加 100 是 101;2 加 99 是 101;3 加 98 是 101……"

老师没等高斯说完,就说:"好,好,这是一个了不起的发现,你继续说下去。"高斯又继续说:"这道题中一共有 50 个 101,答案就是 5050。"老师说:"这种计算方法,就是求等差基数和的方法。将来你们学习代数就清楚了。"

老师非常惊喜地看着小高斯,好像今天刚刚认识这个穿着破烂衣服的孩子。打这儿以后,老师对学生的态度就不一样了,变得和气多了。有一天,老师拿了一本书给他,说:"高斯,这本书送给你,好好地学习吧!"

高斯接过书来一看,说,"啊!是数学书,太好了!谢谢老师!"高斯把书拿回家后,晚上在油灯下如饥似渴地读了起来。高斯最爱读书,可是家里经济困难,爸爸经常为了省灯油和高斯生气。他看见高斯在读书,为了省点灯油,就说:"天冷,吃完晚饭,大家就睡觉吧。"高斯没有办法只好上床睡觉。他想:"爸爸不给油灯,怎么办,能不能自己做一个油灯呢?"想着想着,他就睡着了。

第二天,高斯跑到野外采了一种叫芜菁的植物,他把芜菁当中挖空,塞进用细细的棉花卷成的灯芯,把油蜡化开当油浇在上面，一盏小油灯就做成了。晚上，高斯就在这盏小油灯非常微弱的光线下，专心致志地看书。他看啊，看，直到觉得又困又冷的时候才钻进被窝里睡觉。白天光线好，高斯经常是一边走路，一边看书，而他看书都是聚精会神，像着了迷似的。有一天，小高斯捧着一本书往学校走，边走边看，不知不觉地走错了路，走到了公爵的庭院里去了。正好公爵夫人在庭院里散步，她发现了这个小男孩儿，很奇怪。公爵夫人便问道："喂！小男孩儿，你是从哪来的？有什么事吗？"公爵夫人又问："你看的是什么书，这么让你着迷？"

小高斯就把手中的书拿给了夫人看。夫人看了以后就说："这么深奥的书，你竟然也能看懂？"

小高斯点点头，"嗯"了一声。公爵夫人非常和气地说："真是个了不起的孩子！你叫什么名字？"

高斯很有礼貌地回答："我叫高斯。"

公爵夫人很喜欢小高斯，她对公爵说："看样子，他的家境也不会太好，但是这么聪明可爱的好孩子，就让我们来培养他吧，将来对我们会有用的。"公爵说："好啊，就听你的吧，夫人。"

于是公爵和公爵夫人就把高斯带到家里，详细地问了高斯的家庭情况，然后说明了资助他上学的想法。高斯当然是求之不得的呀，真为自己有这样的福气而高兴。

后来，公爵为了给自己培养人才，慷慨资助高斯学习。高斯也很争气，刚满 15 岁时，就以优异的学习成绩考进了大学。

麦克斯韦

1831 年 11 月 13 日，麦克斯韦出生在英国爱丁堡的一个律师家里。麦克斯韦的父亲约翰先生是个律师，但他热爱科学技术、修房、做玩具、缝衣服样样都行。

在乡村，约翰先生有一座非常幽静的庄园。这里绿草肥美，空气清新，鸟儿在空中自由自在地飞翔。一条清澈见底的小河从庄园旁流过，流向无边无垠的绿草深处。庄园中间那座红瓦灰墙的楼房，是约翰亲手设计的。楼房掩映在绿树丛中，给人特别宁静和秀美之感。麦克斯韦就在这田园般的乡村中欢度自己的童年。

小麦克斯韦喜欢动脑筋，爱发问。一天父母带他在庄园的田野上玩，他一刻不停地向爸爸妈妈提问：

"蜜蜂为什么总是嗡嗡地叫个不停，是在找妈妈吗？"

"不，我的小宝贝，蜜蜂飞的时候扇动翅膀就会发出声音。"妈妈抱着麦克斯韦回答道。

"那，太阳为什么又红又圆？"

"那是因为太阳是个正在燃烧的球体，所以又大又圆。"麦克斯韦的爸爸回答道。

对于儿子爱动脑筋、爱问问题，麦克斯韦的爸爸妈妈心里有说不出的高兴，对于儿子提出的问题他们也总是耐心地回答。

金秋十月，乡村一片丰收的景象。麦克斯韦的姨妈来到庄园。

她看到聪明活泼的小麦克斯韦十分高兴,立刻抱起他吻了几下,然后塞给麦克斯韦几个又大又红的苹果。没想到,麦克斯韦并不急于吃苹果。他拽着姨妈的手问:"姨妈,这几个苹果为什么是红颜色的?"

姨妈从来没想过这个问题,被问住了。她灵机一动,说:"啊,这个,嘿!吹肥皂泡好玩,不信你试试看。"

麦克斯韦放下苹果,跑去吹肥皂泡。肥皂泡在阳光下五颜六色,美极了,麦克斯韦又开始问姨妈好多问题,姨妈只好双手一摊,说:"我不知道。"

在他2岁多的时候,有一次,他和父亲在街上散步,看见路边停着一辆马车,儿子突然问道:"爸爸,您说那辆马车为什么不走了呢?"

"它在休息。"父亲漫不经心地回答说。

"它为什么要休息?"

"可能是累了吧。"

"不。"麦克斯韦认真地纠正说,"它是肚子疼!"

"不是肚子疼,是累了。"父亲抱起麦克斯韦,亲了亲他的小脸蛋,笑着说。

"不是累了嘛。"麦克斯韦摇晃着父亲的脑袋,稚气地咬定地说,"是肚子疼!"

过路的行人听了麦克斯韦父子俩的争论,都止不住笑了起来。

麦克斯韦的父亲还引导孩子对自然科学的兴趣。父亲本人对科学技术有着浓厚的兴趣,为了使儿子分享了这种爱好,他经常带着麦克斯韦上他的工作室去做实验。父亲做实验,儿子就站在旁边眼睛一眨也不眨地看。

一次,父亲把铁沙铺在木盘里,把麦克斯韦最喜欢拿去玩的那块磁铁贴在木盘的底下,然后双手摇晃木盘。顿里,奇异的现象发生了:像变魔术一般,盘里的铁沙纷纷移动位置,排列成一圈圈的弧线,整齐得好像列队听命的士兵。父亲几次重新摇晃木盘,铁沙东奔西跑,最后还是排列成与刚才的一般模样。麦克斯韦对这个奇异的现象惊奇万分。他仔细想了一下,猜想一定有某种力量在支配着铁沙,就像军官命令士兵排好一样。

儿子迫不及待地问父亲:"爸爸,是一种什么力量支配着铁沙?"

"啊,孩子,是磁铁的吸引力呀。"

"可是,爸爸,为什么无论怎么摇晃木盘,铁沙都排成同一种图形呢?"

父亲答不上来了,他也和儿子一样对这种现象迷惑不解。于是父子俩碰着头趴在沙盘上仔细琢磨起来。这次实验在小麦克斯韦的脑子里留下了深刻的印象。

可麦克斯韦童年的欢乐是短暂的。他8岁时,母亲因病去世了,母亲的死,使他伤心极了。从此他变得内向,性格孤僻。1841年,父亲带着麦克斯韦回到城里。10岁的麦克斯韦被父亲送到了爱丁堡中学插班学习。

第一天上课,麦克斯韦穿着父亲缝制的衣服,脚下穿着一双父亲的方头皮鞋,手里提着一个旧书包,怯生生地走进教室。上课了,老师请麦克斯韦回答问题,他站起来用浓重的乡下话答问。这引得全班同学哄堂大笑,有的人甚至怪叫:"乡巴佬!"课堂大乱。

下课了,大家都围上来。一个胖子扯扯他的衣服说:"这啥破玩意儿,是垃圾堆里捡的吧?""瞧!这个书包。""我们家装垃圾的包都比这个强。"大家一阵哄笑。

麦克斯韦回家把事情讲给了父亲听,父亲说:"那明天,我给你重换套衣服吧。"

麦克斯韦坚定地说:"不,我要穿您缝制的衣服。"

在中学这段日子里,父亲经常带麦克斯韦到爱丁堡皇家学会听科学讲座。一天，他们又来到科学大厅。只见，讲台上有个圆形大铜盘，金光灿灿。铜盘两侧有块马蹄形磁铁。麦克斯韦个儿小，一下钻到台前，他发现铜盘边缘和中间有一根导线。两根导线连着一个电流表。

"先生们"！一个学者高声说道，"这是大科学家法拉第用了整整10年工夫研究制成的第一台磁感应发电机。下面，我来给大家试试。"

说着，他摇动摇柄，铜盘飞快地转起来。不一会儿，只见电流表的指针转动了。"哇！真不可思议。"麦克斯韦高兴地叫道。

回到家里，麦克斯韦躺在床上，脑子老想着今天看到的试验：为什么铜盘在磁铁中间一转就会有电流？而不转就没有电流呢？电和磁以及运动这几者有什么关系？他反复地思考着这个问题，难以入眠，第二天，他便去找有关法拉第的书来读。他还从一些杂志上剪下法拉第的照片贴在床头，以此来鼓励自己努力学习。麦克斯韦成了个电学迷。

日月如梭，2年过去了。爱丁堡中学一年一度的数学和诗歌比赛评选结果揭晓，大红榜上写着：数学比赛第一名麦克斯韦；诗歌比赛第一名麦克斯韦。红榜一出，全校师生都惊讶极了。这个衣着怪异，性格内向的人竟然成了双料冠军。同学们再也不敢笑他了。麦克斯韦取得的这些成绩并不是偶然的。父亲很早就发现他有数学天赋。

有一次，父亲让他画插满菊花的花瓶，结果，他画得几乎全是些几何图形。花瓶变成了梯形，花朵用圆表示，叶子是大大小小的三角形。从此，父亲经常让他读一些几何或代数书。

比赛的成功极大地激励了麦克斯韦。他更加刻苦学习，还不到15岁，就写了一篇论文。题目叫"论椭圆和蛋形曲线的绘制以及数学公式",论文写好了,父亲一看简直不敢相信。因为这个论题对14岁的孩子来说太深了。父亲把论文送到爱丁堡大学,请著名的数学教授鉴定。教授仔细读了论文。"嗯,论文写得不错,你儿子在读哪个大学?"教授问道。

"哦!教授,他还是个中学生,在爱丁堡中学读书。"麦克斯韦的父亲回答道。

"什么?是中学生写的,这不大可能吧?!"教授十分惊讶,对麦克斯韦的爸爸说:"把论文放在这里,我好好研究研究。"

第二天,教授把论文拿给同事们看。大家都表示怀疑。有的人甚至说这可能是从书上抄来的。于是,大家就忙开了。一连几天,他们翻遍了所有新出版的数学杂志。最后,教授终于从17世纪法国大数学家笛卡尔的论文中找到了这个问题的研究。他把麦克斯韦的论文同大师的比较。他吃惊不小。

原来,二者的数学公式是一样,但麦克斯韦的算法完全不同于笛卡尔的方法,而且比之更简洁。教授和同事们认定论文完全是麦克斯韦独立完成的。他们一致决定在皇家学会上宣读这篇论文,并要发表在《爱丁堡皇家学会学报》上。

一个中学生的论文要在皇家学会上宣读,这可是开天劈地头一回。这事引起了极大的轰动。

这一天,科学厅里座无虚席。麦克斯韦紧挨着父亲坐在讲台旁。本来论文应由作者本人宣读,但考虑到麦克斯韦太小了,就请了数学教授代读。为了便于听众理解,教授边读边在黑板上画图,列算式。论文读完,许多人还是摇头表示没听懂。报告会结束时,麦克斯韦被叫了起来,主持人说:"论文的作者就是这位天才少年。"全场立刻爆发出雷鸣般的掌声。皇家学会特别授予他数学金质奖章,麦克斯韦从此获得了"少年数学家"的美称。

费 米

费米小时候就表现出非凡的才能,他父亲的一位同事便有意识地培养他,给他读数学、物理方面的书。当他还是一个中学生的时候,就已具备大学研究生的水平。

费米在比萨大学读书时,每次走过那个世界闻名的斜塔时,都要肃然起敬,伫立片刻。这个伽利略当年生活过的地方,处处给他以科学的召唤。费米自信,伽利略的故乡在物理研究方面不该落在英、法、德等国的后面。

后来,罗马大学物理实验室主任柯比诺认定费米就是复兴意大利物理的希望,他专门在罗马大学设了理论物理学讲座,聘请费米任首席教授。

不久,伊伦娜用α粒子轰击原子核获得人造同位素的消息传到罗马。他想,不能总跟在人家后面,她用α粒子,那我们就用中子。α粒子带正电荷,原子核也带正电荷,它们之间的排斥力一定要损耗一部分冲击力,如果用中性的中子就可避免这种损耗。

中子从哪里来呢?当然最好是用镭放射的α粒子轰击铍制得。可当时买一克镭就需要34000美元,所以只好用氡来代替镭。费米小组就用这门简陋的"大炮"对着所有能找到的元素进行轰击。

这种方法果然很有效,他们得到了许多自然界中不存在的同位素。比如：从普通的钠得到放射性的钠，从普通的碘得到放射性的碘，从氯得到放射性的磷，从硅得到放射性的铝等等。

　　一天，当他们用中子轰击银板时发现，如果在木桌上做实验和在金属桌面上做实验，银板的放射性不一样。费米想，可能放射源周围的物体会影响轰击效果。于是他们在银板前挡了一块铅板，并且在银板前放了一个专门测量物质放射性的仪器"盖革计数器"，粒子进入计数器就会发出响声，粒子越多，响的越快。

　　一切准备就绪，他们又有开始轰击，只听计数器咔咔响起来，比不放铅板前快了许多。费米就想，铅是重物质，那就用轻物质来试试。他们又找来石蜡板，在石蜡板上挖了一个孔穴，把中子源放进去，又开始实验，结果计数器突然发疯似的响个不停。

　　这是怎么回事？石蜡有什么魔力？费米静静地思索着，突然他一拍脑袋自言自语道："问题可能就出在这儿。"原来他想石蜡含有大量的氢，氢核是质子，质子与中子具有相同的质量，中子射到银板之前先与质子相撞，这一撞就要损耗能量，减慢了冲击速度，这种慢中子比快中子有更多的机会被银原子俘获，因此银的人工放射性就更强些。

　　但这只能是一种假设，如果别的含氢物质也有这种作用，假设才是正确的。还有什么更简便的含氢物可用来试验呢？当然是水啦。于是费米小组将中子源和银板慢慢沉入水中开始轰击，结果计数器又疯狂地响起来，这说明费米的假设是正确的。于是轰击原子核的一种新炮弹被费米找到了，费米也因此获得了1938年的诺贝尔奖。

布莱叶

布莱叶是一个盲人科学发明家。

1809 年，布莱叶出生在法国的库弗雷镇。他的父亲是个马具匠。他出生以后，家里人都很宠他，他要什么就给什么，可问题就出在这上边。在他 3 岁的时候，他偏要玩一个钻子，玩呀玩，不小心一下子把眼睛捅瞎了。从此，他的眼前就一片黑暗。当时他还不懂事，等他懂事了，也并不悲观失望。他决心顽强地生活，创造自己美好的世界。开始时，在家里，他只能摸索着行动。有时候他撞着桌子，有时候他撞翻了椅子，经常被撞得头破血流。但他一点也不灰心，仍然照旧练习。他坚信，只要熟悉了，习惯了，就好了。

时间久了，布莱叶已经能够拄着棍子上街了。他的耳朵特别灵敏，只要有声音，就可以知道走到哪里了，附近发生了什么事情。有人问他："小布莱叶，你靠什么辨别出走过的是谁呢？"

他说："只要留心听，总有办法。走路时每个人的脚步声是不一样的，每个人的呼吸声、说话声都是各不相同的，用心把他们不同的地方记住，就好办了。"

大家听了，都说这个孩子聪明。

6 岁那年，布莱叶开始到教堂去上课，这是他做梦都想的事。因此小布莱叶不管刮风下雨，都要去上学。巴品依神父给他讲历史课、讲科学、讲勇士的故事……他听得津津有味，非常用心，都可以记住。时间一天天地过去，小布莱叶一天天地长大，他的知识也一天天地增多。慢慢地，布莱叶提出的问题越来越多，连巴品依神父也无法回答了。因此，巴品依神父对他的父亲说，要送他到正规学校去上课。

小布莱叶能到正规学校上学了。他兴高采烈地踏进了学校的大门。他知道能争取上学很不容易。因此他全神贯注地听课，把老师讲的全都记住。他凭心算解答老师提出的习题，跟其他同学回答得一样准确、迅速。可是当老师让同学们把书打开的时候，布莱叶的心一下子就沉下去了。他抚摸着平滑的书本，却什么也不知道。他想："一定要有盲人自己的书！"

在小布莱叶10岁那年，巴品依神父把小布莱叶推荐给巴黎皇家盲童学校。他获得了深造的机会，高兴得不知说什么好。

学校让学生选课，布莱叶什么都选，样样都学：语文、地理、历史、算术、音乐……一开始，他就成了班上出类拔萃的学生。但有一件事让他很不满意。课本上的字母用凸印法，用手触摸，容易搞错，而且速度慢，看一本书得花上几个月的时间。他便对老师说："老师，这太不方便了，这简直就不是在读书。"

老师说："孩子，几百年来就没有人能想出更好的办法来。"布莱叶听了老师的话，也就无可奈何了。

到了布莱叶12岁那年，巴比埃上尉给他们讲了"夜字"的故事，他说："我们用铁笔在厚纸版上凿出特定的凸点，代替声音，士兵夜间摸了，便知道上级传达的命令……"

布莱叶听了以后，动脑筋仔细琢磨，发现巴比埃上尉讲的"夜字"还有缺陷，它只能表达简短的字句，根据手指触感不同的凸点，分辨出字母再组成词，实在太慢也太难。但是他发现，用点子比直接用字母高明。

从此，无论走到哪里，他手里都拿一枝铁笔，往厚纸版上凿点子……布莱叶决心改进"夜字"，找到真正能让盲人阅读、写字的方法。可是一年过去了，艰苦的试验仍没有结果。

后来，他想，"夜字"以发音为基础，何不将点子与字母相联系呢？字母才26个呀！布莱叶找到了"钥匙"，就更加努力地试验，最后，以6个点子为一组，终于完成了他发明的字母表。有了这六字为一组的字母表后，认字就又快、又容易了。盲人也能写字、记日记、读有趣的书了！

布莱叶的发明，受到了校长的高度评价。可是那些有钱的阔佬们不肯解囊捐助，所以还是没有办法把字表印出书来。大家还是没有书看。直到布莱叶26岁时，靠校长的个人积蓄，一本关于盲文字母表的书才印出来。这本书起名叫"供盲人使用的点子书写单词、音乐和歌曲单的方法"，布莱叶为此感到自豪。

从此盲文得到了推广。这以后，布莱叶的出版社成立了，又出版了许多凸点书籍，受到盲人们的欢迎，称它为"光明的使者"。但长期的劳累，使布莱叶患上了肺病，并日益严重。

1852年10月6日这天，雷雨交加，狂风怒号，世界盲文发明家布莱叶离开了人世。

虽然布莱叶去世了，可是，他创造发明的盲文被转译成了各种不同的文字，广泛采用。

在他的家乡，人们建立了一块纪念碑，上面刻着："盲人感谢布莱叶。"

斯蒂芬森

斯蒂芬森是一个机械发明家。

他于 1781 年 7 月 9 日出生在英国北部的一个煤矿工人的家庭。一家 8 口人，就靠父亲一人做工维持生活，因此，家庭经济非常困难。斯蒂芬森没有条件上学。他 8 岁就给人家放牛；14 岁时，就跟父亲进了基林沃斯煤矿当学徒工。在下班之后，他还要帮人家修理钟表、擦皮鞋、挣钱贴补家用。

在煤矿里，斯蒂芬森干着最脏最累的活，比如擦洗机器等等。虽然没有文化，但他却非常喜欢摆弄机器。为了搞清楚机器的原理，斯蒂芬森用黏土制作了各式各样的机器模型。只要一有空，他就琢磨这些模型。

随着对机器方面知识的增长，斯蒂芬森越来越觉得没有文化给他带来很多的不方便。于是，17 岁那年，他报名去读夜校。他每天风雨无阻，准时来到教室，听老师讲课。经过几年的学习，斯蒂芬森学到了许多基础知识。

在他 28 岁那年，矿上的一台运煤车坏了。几位有权威的技师修了几天，也没能修好。这严重影响了矿区的正常生产，矿主急得团团转。斯蒂芬森知道后，便毛遂自荐。在矿主怀疑的目光中，斯蒂芬森仅用一会儿的工夫，就把机器修好了。矿主高兴极了，当即任命斯蒂芬森为机械师，还奖励他 20 英镑的奖金。

他当上机械师后,接触机器的机会就更多了,条件也更好了。他开始正式研制蒸汽机车。他决心找出别人失败的原因,筑起一条通向成功的道路。斯蒂芬森认真地总结了别人的经验教训,从改革特拉维西克的蒸汽机入手,把它的重量缩小,牵引力加大。他经过几年的艰苦工作,于1814年,成功制成了一辆名为"半统靴"的蒸汽机车。

这辆机车工作时会从烟囱中冒出火来,因此人们称它为"火车"。它一次能拖30吨货物但也存在许多明显的不足之处,如时速慢,仅六七千米,比人步行快不了多少;车身震动剧烈;废气多,熏得车内和路旁边的树木都黑不溜秋的。因此,"半统靴"并不受人们欢迎。

斯蒂芬森决不当特拉维西克第二。他把人们的抱怨声化为动力,不断地对"半统靴"进行改进:把废气用管子引到烟囱里去,以减少污染;又在车上加了弹簧装置,减轻震动。1825年,他终于试制成功了世界上第一辆客货两用的火车——"旅行号"。

1825年9月27日,"旅行号"举行试车典礼。斯蒂芬森亲自驾驶"旅行号",它拖着30多节车厢,载着四百多名乘客,以时速20多千米的速度前进。最后平安无事地到达了目的地。虽然它的速度还远远比不上奔马,但它表明:火车成为未来交通工具的日子已经不远了。

"旅行号"试车获得了成功,市政府决定在英国的曼彻斯特和利物浦之间建造铁路,由斯蒂芬森承担总工程师。这个消息传开以后,遭到了守旧势力的反对。有些人在报刊上发表文章,列举了火车的种种坏处,如:"要知道火车的声音很响,结果是使牛受惊,不敢吃草,从而牛奶就没有了;鸡鸭受惊,从而蛋就没有了。"

更可怕的是:"烟囱里的毒气上升,将会杀绝飞鸟;火星四散,将造成火灾。"

还有:"如果锅炉爆炸,那么乘客的性命恐怕还得搭进去。"

再有:"火车通过隧道时,最有害于人体的健康。体质好的人,也会引起感冒和神经衰弱等病;体差的人则更危险。"……

斯蒂芬森明白,这是由于前人试制的火车脱轨、翻车事故,造成人们心理上的恐惧。对于这些论调最好的回答是,让火车更安全、更快捷、更舒适。

1829年,斯蒂芬森和他的儿子小斯蒂芬森制成了更为先进的火车——"火箭号"。它在这年的10月和3辆机车、1辆马拉机械车的比赛中,以时速33千米、牵引17吨、安全行驶112.6千米的实力获得第一名。

此后,火车得到人们的承认,并逐步成为世界各地的主要交通工具之一。

科　赫

　　德国汉诺威省附近有个小城叫克劳斯塔尔。这里地处哈尔茨山区，气候宜人，景色优美，有茂密的原始森林和丰富的矿藏。1843年12月11日，科赫就出生在这块美丽的地方。科赫的父亲赫尔曼是个见多识广，积极向上的人。他工作努力，肯用脑子，先后担任了采矿公司主任和普鲁士政府的矿业顾问。他一共有13个孩子。只要有时间，他就把孩子们召集起来，坐在自己家后园的大树下，给他们讲大自然绮丽的风光和异国风情。

　　有一回，大家玩捉迷藏的游戏，轮到科赫找大家。伙伴们立刻分头藏好，可等了老半天也不见科赫来找，怎么回事呢？

　　原来，伙伴们刚走，科赫便发现前面一棵树上有一只美丽的甲虫。他立刻跑过去，往手上吐了两口唾沫，蹑手蹑脚地往上爬去。他爬到树杈上站稳了，从衣袋里拿出专门捉昆虫的布袋子，左手扶着树干，右手撑开袋子，慢慢地向甲虫罩去。

　　"喂，科赫，你在干嘛呢？"站在树下的伙伴们喊道。

　　科赫连忙用左手食指压在嘴边，发出嘘的一声。接着，他又去罩那甲虫。只见科赫右手猛地一扑，一下子罩住了昆虫。

　　科赫高兴地从树上爬下来。大家立刻围住了他。一个金发女孩问："科赫，你成天采集树叶，捕捉昆虫，还收集些石头。这有什么用啊？"

科赫笑笑说："告诉你吧，这里头可有学问呢。爸爸有一本博物学书，介绍各种事物。我就是照着书上说的收集的。有空到我的'博物馆'去看看。"

第二天，一大群小伙伴们来到科赫家里。他们排着队一个一个走进科赫的"博物馆"（房间）参观。只见木盒子里用小钉钉着大大小小的昆虫，下面还写着昆虫的名字和所属类别。一个个光亮的矿石放得整整齐齐，下面也有说明。看完后，大家都竖起大拇指说科赫真不简单。科赫从此被伙伴们称作"小博士"。

有一天，爸爸送给他一面透镜。科赫十分高兴，他拿着透镜四处观察。他看后园大树下有个蚂蚁窝。许多蚂蚁进进出出十分繁忙。他立刻趴在地下用透镜观察起来。透镜下的蚂蚁变得又黑又大。它们的触角灵活地摆动着。两只蚂蚁一见面便用触角碰碰打招呼。

科赫想："蚂蚁们见面后在'说'什么呢？它们怎么知道自己的窝在树洞里呢？"

这时，一群蚂蚁拖来一只死苍蝇。苍蝇那亮亮的眼睛在透镜下一下子变了样儿。

"啊！苍蝇怎么会有这么多小眼睛？"科赫惊讶极了。

许多问题在科赫的小脑袋里转悠。一天，科赫听说舅舅要来玩，他可高兴了。因为舅舅是个博士，自然知识十分丰富。科赫的问题没有一个能难住舅舅。

那天，舅舅来了。科赫缠着舅舅问这问那。舅舅耐心地回答了他的每一个问题。

午饭后，舅舅带着他到山坡上采集昆虫和矿石标本，有一只美丽的蝴蝶吸引住了他们俩。舅舅拿出相机准备拍照。

科赫在一旁认真地学舅舅怎样拍照。那时候，拍照可麻烦了。

要架相机架,要给铜板涂银粉。科赫把每一步都记在心里。这为他以后献身于医学研究打下了坚实的基础。

从小学到高中,科赫学习十分努力。他的数学和自然科学成绩十分优异。他还学习了拉丁语、希腊语和法语,英语讲得很流利。

大学预科学业结束了,由于家庭经济拮据,他险些没上成大学。后来,他家得到一笔财产,科赫才进入了著名的哥廷根大学学习。在大学里,他更加刻苦学习。不久,他又面临选择专业的问题。学习什么专业呢?这时,儿时听父亲讲的异国风光又浮现在脑海里。科赫为了实现儿时的梦想,毅然选择了学医。

1882年,科赫开始了探索肺结核病因的试验,他研究病人的肺,起初在显微镜下并没有找到细菌,但他把病肺磨碎注入老鼠和兔子身上,却使它们都发生了结核病。反复失败之后,科赫突然醒悟到,结核菌是透明的,用显微镜根本看不到。为了确认结核菌,科赫又反复尝试着用各种不同的染料对结核病死者的肺进行染色,终于在显微镜下发现染了色的细棒状的结核杆菌。此后他又培养出纯种的结核杆菌进行实验,最后完全证实结核杆菌是引起结核病的元凶,并阐明了结核病的传染途径。1905年,科赫获得了诺贝尔生理学及医学奖。1910年这位伟大的科学家因心脏病逝世。1995年,世界卫生组织决定每年的3月24日——即当年科赫宣读其分离出结核杆菌论文的日子为世界防治结核病日,以纪念科赫的杰出贡献。

诺依曼

诺依曼的全名是约翰·冯·诺依曼,他是一位美籍匈牙利的科学发明家。

诺依曼 1903 年出生于匈牙利的布达佩斯。他小时候就被人称为"神童",天赋极高,6 岁时能心算八位数除法,8 岁时就掌握了微积分。11 岁那年,他的父亲为了更好地培养他,在报纸上登了一则招聘启事:"聘请一位家庭教师,聘金为一般家庭教师的十倍。"

这则启事当时轰动一时,许多人跃跃欲试,登门应聘。可这些人刚上任一两天,就被诺依曼的问题难住了,慌忙离去,以致诺依曼被人称为"聘不到家庭教师的少年"。他天资聪慧,再加上勤奋好学,因此门门功课都学得很出色。

诺依曼先后在德国的柏林大学、汉堡大学工作,后应邀担任美国普林斯顿大学的客座讲师。1933 年,普林斯顿大学成立高级研究院,他被聘为教授。他在数学领域取得了一系列研究成果,成了闻名遐迩的数学家。

第二次世界大战爆发后,由于战争的需要,诺依曼转向了应用数学的研究。他先后担任了阿伯丁弹道实验研究所顾问委员会委员、海军兵工局顾问等职务。1943 年,他还参加了"曼哈顿计划",即原子弹的研制工作。大量的计算工作,使他感到筋疲力尽。

1944 年夏季的一天，诺依曼在阿伯丁火车站候车室等车，脑子里还在思考着关于原子弹研制的问题。忽然，他听到侧面传来问候声："诺依曼教授，您好！"

"噢，格尔斯坦中尉，您好！"诺依曼起身与来者握手。

两人寒暄几句后，格尔斯坦就将莫奇里和艾克研制 ENIAC 的情况告诉了诺依曼，当诺依曼得知 ENIAC 的速度将可能超过当时机电式计算机 1000 倍时，被深深地吸引住了。如果能研制出一种性能理想的计算机，那将会解决许多科学上的问题，比如，他眼下的关于原子弹的计算问题就可以得到解决。他向格尔斯坦询问了几个关键的技术问题。好在格尔斯坦也是一位行家，对这几个问题一一做了回答。诺依曼与格尔斯坦道别后，心里还在想着电子计算机。他在听了格尔斯坦对电子计算机的介绍和说明后，就打定主意，自己要开始一项新的事业——研制电子计算机。

此后不久，诺依曼就到莫尔电气工程学院考察电子计算机的研制工作。当时，ENIAC 还在组装之中。他以敏锐的观察力和超前的判断力，发现 ENIAC 有一些不尽如人意的地方。此后的几个月里，诺依曼多次到莫尔电气工程学院，召集包括莫奇里、艾克特、格尔斯坦在内的专家，对电子计算机的研制工作进行探讨。

1945 年 6 月，以诺依曼为首的几位专家，对 ENIAC 的设计方案做了重大改进，提出了一个全新的存贮程序通用电子计算机设计方案——"离散变量自动电子计算机"设计方案，简称"EDVAC（埃德伐克）"方案。

在"EDVAC"方案中，诺依曼对 ENIAC 做了两大方面的改进：一是把十进位制改成二进位制，以充分发挥电子元件高速运算的性能；二是把程序和数据一起存在计算机内，这样可以使全部运算成为真正的自动过程。在这个方案中，还明确指出：电子计算机是由存储器、控制器、运算器、输入设备、输出设备组成的，并描述了各部分的职能和相互关系。

"EDVAC"方案问世时，ENIAC还没有竣工，但却已经落后了。当然，ENIAC 在计算机发展史上的地位也是不可低估的。"EDVAC"方案的提出，轰动了全世界。由于它的主要设计思想是由诺依曼提出的，因此人们称诺依曼为"现代计算机之父"。

1949 年，英国专家威尔克斯根据"EDVAC"方案，研制出了程序存贮式计算机。这是世界上第一台电子计算机。

由于第一代电子计算机结构复杂、价格昂贵、调试困难，因此，发展缓慢。直到 1956 年，美国总共才生产了 1000 台左右。不过，它为人类的科学进步做出了很大的贡献。

赫　兹

　　汉堡既是一个城市，又是德国的一个州。这个城市在历史上曾经9次被毁，又9次重建。市中心由一座大坝拦水而成的一个大湖，漂亮的伦巴第大桥横跨湖上。整个城市河汊纵横，河道蜿蜒，各式各样的桥比水城威尼斯的桥还多，坐上小舟穿梭在水道上，扑面而来的既有现代化的高楼大厦，又有古色古香的老房子，使人觉得仿佛是穿行在时空隧道之中，往来于历史与现实之间。

　　赫兹就生于德国汉堡的一个富裕的市民家庭里。他的父亲开始是律师，后来当上了参议员。

　　赫兹童年在私立学校学习，这时他就表现出了具有很强的动手能力，显示了自己非凡的聪明才智。课余时间，他学习木工和车工，显得非常机灵。他的车工师傅曾夸奖他是"多么出色的车工啊"！

　　后来，赫兹转入市立学校学习。由于他出色的天资和刻苦地学习，各科成绩都很好，不仅是数学、自然科学、英语、法语等必修课，就是阿拉伯语这样的选修课成绩也很突出，以致他的老师建议他的父亲让他学东方学。他在念中学时，就开始进行了一些简单的自然科学实验，他特别喜欢做力学和光学实验。

　　1875年，赫兹于约翰奈斯中学毕业。老师的毕业评语是："这位中学毕业生具有敏锐的逻辑，可靠的记忆和叙述问题的技巧。

缺点是讲话有些单调。"

1876年春,他考入了德累斯顿高等技术学校学习工程科学。同年秋天,他应征入伍。第二年秋天,服役结束,他到慕尼黑大学继续学习。在这里,他听著名物理学家约里的物理课和数学课,这使他对物理学和自然科学产生了兴趣。

1878年10月,他转入柏林大学学习,成为亥姆霍兹和基尔霍夫的学生。亥姆霍兹以科学家的敏锐眼光看出了这位年轻大学生的卓越才能,并从各方面帮助他。这对于赫兹以后成长为著名的物理学家,具有重大的意义。因此赫兹终生都对自己的老师怀着深深的感激之情。

1879年暑假前,亥姆霍兹为柏林大学学生拟定了关于电动力学的物理竞赛题目:绝缘体是否影响电动力学过程。赫兹对此很感兴趣并取得了突出的成果。因此,在柏林大学大礼堂中获得了校长受德华·策勒尔亲自授予的一枚美丽的大金质奖章。

门捷列夫

门捷列夫生于 1834 年 2 月 8 日。他的父亲毕业于圣彼得堡中央师范学院，曾在一个有名的中学担任校长。母亲是个既有文化知识又结实能干的妇女。为了照顾丈夫，她不远万里，带着孩子们来到人烟稀少的西伯利亚。全家人一起过上了流放生活。

小门捷列夫出生半年后，不幸的事情降临到他爸爸的身上。他生了一场病，病愈后，视力急剧下降，几乎完全失明。正值壮年的老门捷列夫，不得不提前退休。

小门捷列夫懂事很早，从 3 岁起，就能做事了。他每天和大孩子们一样，自己上床睡觉，按时起床，自己穿衣服，整理床铺。家庭人口虽多，但由于终日忙碌，一家人在一起聊天、嬉闹的机会很少。小门捷列夫聪明机灵，从不撒娇，处处都讨人喜欢。

小门捷列夫属于智力早熟的孩子。会说话不久，他就开始学识字和算数了。每当上学的哥哥姐姐打开书本学习或者做作业时，他就搬上一只小凳子，坐在他们一旁，两只小手托着腮帮子，眼睛一眨不眨地听他们念书。有时候他情不自禁地拿起他们的书，一本正经地读起来。有不认识的字，他就问哥哥姐姐。哥哥姐姐嫌他麻烦时，就会毫不客气地将他赶到一边去。

此时，小门捷列夫感到孤独和委屈。他生一会儿气，又耐不住寂寞，再次悄悄地凑过来，看哥哥姐姐写字。

到了五六岁，小门捷列夫在识字、背诗和算数方面已经赶上了哥哥姐姐。一生从事教育工作的父亲，对小门捷列夫的成长很高兴。有一次，门捷列夫跟着一个名叫马克西姆的大叔来到了造玻璃瓶的车间。他见到工人们拿着长长的铁管子伸进炉子里，又迅速抽出来，使劲一吹，另一头就冒出了一个前头粗、后头细的红泡泡来。过了一会儿，红泡泡就变成了透明的玻璃瓶子。

"咦！这是怎么回事？"门捷列夫歪着脑袋，眨巴着小眼，想了半天，也没有弄明白。好奇地问马克西姆："大叔，您说，铁管里怎么吹出了玻璃瓶子来呢？"

"光靠吹是吹不出来的！"马克西姆大叔笑着摇了摇头，"那是因为铁管的另一头从炉里蘸了溶液。""溶液是什么东西呀？"门捷列夫问。"是沙子、石灰石、纯碱等原料掺合在一起，放在炉子里烧化成的。""哦！我明白了。"门捷列夫点了点头，又问，"为什么这些溶液能变成透明的玻璃呢？掺别的东西烧化了也能变成透明的玻璃吗？"

"那可不行！"马克西姆大叔摆着手说。"掺别的东西溶化后，就成不了玻璃啦！弄不好要变成一堆石头疙瘩哩！""究竟为什么，我也不明白。回家问你父亲吧，他书读得多，有学问。"

回到家里，经过父亲的讲解，门捷列夫不仅初步明白了制造玻璃瓶的道理，而且对化学产生了兴趣。

父亲从小儿子身上看到了希望。为了不耽误孩子的成长，他不顾视力低下和看书困难，亲自教小门捷列夫读书、识字。孩子们见父亲视力不好，还教弟弟识字，就不再烦门捷列夫。只要孩子们有空，就主动替父亲教门捷列夫识字和算数。就这样，在两年内，门捷列夫学完了小学的全部课程。

门捷列夫7岁那年，又一个哥哥到了上中学的年龄。看到妈妈为哥哥准备新书包，天真的小门捷列夫就缠着妈妈要求上学。

妈妈说："等我有了工夫，到小学跟老师说一说，让你到镇上的小学去读书。"听到这话，小门捷列夫不高兴地说："我才不上小学呢，我要和哥哥一样去上中学。"

妈妈没有在意儿子的要求。可是，老门捷列夫意识到，儿子的要求并不过分，因为，他确实已经完成了小学的全部课程。他建议妻子去找一找托博尔斯克中学的校长，请求他允许小门捷列夫和哥哥一起上中学。妻子有些为难，害怕校长不同意。

老门捷列夫鼓励她说："米嘉已经学完了小学的全部课程。校长如果不相信，他可以亲自考一考。"

母亲也不敢相信儿子具备了读中学的能力。为此，她拿课本对儿子进行了考试。结果，小儿子读课文和计算的能力甚至超过了哥哥姐姐。母亲不再犹豫。她带上儿子去找中学校长。

中学组织了俄文、数学、地理等学科的老师，对门捷列夫进行了认真的考试。结果证明，门捷列夫确实达到了上中学的文化程度，尤其是计算能力比中学一年级的孩子还强。门捷列夫的表现，使学校不得不破例招收一个年仅7岁的孩子读中学。

开学了，7岁的门捷列夫坐进了中学教室，同十三四岁的孩子们一起上课了。由于他个子太矮，没有合适的桌椅，母亲不得不给他做了一个厚厚的垫子放在椅子上。这样，他写字时两只手才能平放到桌子上，两只脚却是悬空的。门捷列夫这个特殊的学生，自豪地上了中学。在通常情况下，年龄越小，注意力集中的时间就越短。所以，任课老师担心小门捷列夫的注意力无法持续45分钟。

可是，他们又低估了这个孩子。小门捷列夫注意力集中的时间比那些大孩子还长。他每天上课都能注意听讲，下课之后，还常常缠着老师问问题。

最让老师们称奇的是，每当老师在课堂上提出问题时，小门捷列夫常常是最先举起手。当小门捷列夫站起来回答问题时，他就要从高高的坐垫上下来，他坐在椅子上面时，有厚厚的垫子，还不显得比别人矮多少。然而，一旦站到地面上，他只露出一颗头在桌子上面。

同学们见到这滑稽的场面，就忍不住笑出声来。小门捷列夫不管别人笑，只顾一本正经地回答问题。回答完毕后，经老师允许，他再爬到高高的坐垫上去。后来，老师们见他爬上爬下不方便，就特许他回答问题时可以坐在椅子上。对待课后作业的态度，小门捷列夫也很认真。他能够高质量地按时完成作业。这个幼小中学生在学校的表现，使老师和校长非常满意。天有不测风云，在门捷列夫即将中学毕业时，老门捷列夫一病不起，持续高烧十几天后，就与世长辞了。老门捷列夫的去世，使这个家庭塌了半边天。母亲因过度悲伤而变得沉默了，孩子们也失去了往日的欢笑。

小门捷列夫在这一连串的打击面前，虽然也悲痛万分，但始终没有中断学习。他度过了中学最后几个月。除拉丁文之外，其余各科成绩都是优秀，他圆满地结束了中学时代的生活。

希尔伯特

希尔伯特 1862 年 1 月 23 日出生于东普鲁士首府哥尼斯堡一个乡村法官家庭。希尔伯特的祖父和父亲都是法官。两代人的法官生涯培养了这个家庭严谨、求实的传统。

希尔伯特的母亲是一个有知识有教养的女性。她很喜欢学习。虽然是一个没有社会职业的家庭主妇，可是她不仅懂得哲学、天文学，还对数学有很深的研究。她读书学习并不是为了谋职，而是出自个人的兴趣和爱好。长期对知识的追求，使她成为学识丰富和眼界开阔的人。

常言道："父母是子女的第一任老师。"从希尔伯特出生起，父母就十分关注他的成长。注意了采取各种形式对儿子进行教育。

希尔伯特小时候的表现是令人失望的。他的语言能力很差，思维有些迟钝，反应能力也不及同龄的孩子。希尔伯特满 6 周岁时。同龄的孩子都背着书包高高兴兴地上学了。希尔伯特看了眼红，他也要求上学。可是，父母没有同意。他们知道儿子智力不如其他孩子，如果急于送入学校，就可能害了他。同龄的孩子到一起必然产生竞争意识。在学习和知识的竞争中，智力发育较慢的希尔伯特显然是弱者。当他的理解力、反应能力和考试分数都比别人差时，即使老师和同学们不嘲笑和责骂，一个有自尊心的孩子，也会感到羞愧和自卑。在这种压抑和自卑的心情下，对智力发育是不会有任何积极作用的。因此,父母亲没有急于把希尔伯特送进学校,而是在家对他进行启蒙教育。

希尔伯特7岁时,同龄的孩子该读二年级了。看着小伙伴们高高兴兴地离家去上学,希尔伯特又动心了。他吵着要去上学。

然而,母亲没有立刻表态,而是找到了小学一年级的课本,让希尔伯特读一读,算一算,还提出一些问题,让希尔伯特回答。测验结果表明,希尔伯特在数学能力方面,达到甚至超过一年级的程度,而在语言能力和反应速度方面,还是比较缓慢。

母亲觉得,思考问题很认真、反应又明显迟缓的特点,使希尔伯特暂时还不适应小学环境。在母亲的劝说下,希尔伯特同意再过一年去上学。

希尔伯特到了8岁才上小学,比一般孩子晚了2年。上学之后,他学习很吃力,除了数学之外,没有一科成绩突出。在语言、作文以及需要死记硬背的科目中,希尔伯特经常考试不及格。他还常因写不好作文而被老师批评。为了不影响希尔伯特上学的积极性,母亲不得不替儿子写作文。

这个愚笨的"老学生"也有高兴的时候,这就是上数学课和回答数学问题时。上数学课时,希尔伯特就像变了一个人似的。老师刚把算题写在黑板上,希尔伯特就演算完了。

在当时的教学条件下,数学课程不被重视,数学老师也不被人看重。可是,出了希尔伯特这样对数学感兴趣的学生,老师也很高兴,任课老师有时专门出一些数学难题让学生们比赛,看谁做出的多,想以此来刺激学生们学习数学的兴趣。这样的竞争最适合希尔伯特。他可以充分显示自己的数学天赋。所以,每次数学竞赛,都能给希尔伯特带来愉快。

由于老师的启发,热爱数学的学生多起来。他们遇到难题或解不出来的数学题,老师不在时,就向希尔伯特请教。这给希尔伯特带来了自信和荣誉。

读四年级时,班上来了俄籍犹太人闵可夫斯基三兄弟。他们都聪明过人。老师讲解的问题他们听一遍就能准确地记住。同学们不明白的问题,三兄弟都能解答。三兄弟成了班上的小老师。特别在数学问题上,有时讲不明白的问题,闵可夫斯基兄弟能讲明白。闵可夫斯基兄弟三人的到来,使希尔伯特在数学上的才能大为逊色。这使他很沮丧。他在学校抬不起头来,回到家中则闷闷不乐。

希尔伯特的父母及时发现了儿子的情绪变化,便和希尔伯特一起讨论学习中遇到的问题。

他们使希尔伯特相信,虽然他在数学上暂时不如闵可夫斯基兄弟,可是,比别人还是强的;在其他学科上虽然暂时不如别人,然而,自己同自己比,还是进步很快的。

他们告诉儿子,学习并不是为了比赛,而是为了自己掌握更多的知识,既然每一天的学习都能给自己带来收获,还有什么必要管别人说自己是聪明还是愚笨呢?

父母在帮助希尔伯特恢复学习后,又帮助他找出自己的长处和短处,使其在学习过程中能够扬长避短,鼓起勇气战胜困难。在希尔伯特学习遇到挫折的时候,他总是能够从父母那里及时得到支持和鼓励。

有些家长听到自己的孩子议论希尔伯特,也跟着说希尔伯特如何愚笨。每当听到这样的说辞,父亲总是不屑一顾。而母亲则是很客气地说:"这孩子的头脑有些怪,和普通人不一样。虽然他记不住死板的概念,却能够讲解数学问题。究竟是愚笨还是天才,等长大了再看吧。"这种回答常令一些家长无话可说。

瓦 特

英国苏格兰的格林诺克村,是一个山清水秀的好地方。流经这里的克莱德河,河面宽阔,河水碧蓝。河上一艘艘鼓着白帆的船儿,好像一只只美丽的天鹅。河岸两边绿树成荫,绿树丛中时常可见造船厂的厂房。1736年1月19日,伟大的发明家瓦特就出生在这里。瓦特的父亲是个技艺高超的造船装配工人。母亲是一个很有教养的人。瓦特小时候身体十分瘦弱,他大大的脑袋,一双碧蓝的眼睛深陷在眼窝里。金黄色的头发稀稀疏疏的。他的身子很小,样子很像"小萝卜头"。

由于瓦特小时候身体不好,加上家里很穷,所以他没有上学。在家里,妈妈天天都教他学习语文和数学。他十分爱问问题。有的问题问得大人也没法回答。他还特别会观察。

有一次,他到舅舅家里去玩。舅舅家村口的大磨坊,可把他迷住了。他独自一人坐在磨坊水车边上的一个石头上。双手托着下巴,目不转睛地望着转动的水车。水车带动巨大的磨盘发出轰隆隆的响声。瓦特边看边记它的特点。

后来,他回到家把看到的讲给表兄妹们听。大家都被他讲的吸引住了,很晚才睡觉。小瓦特对学习的钻劲可大了。他经常跑到房里去看书。有一次,他看到一本叫《汽学》的书。书中有一幅图,画着一个漏斗似的东西,下面有一个小圆球。他看了半天,不知道下面的文字说的是什么，就跑去问妈妈。

妈妈告诉他说："这里讲的是古代人想用蒸汽推动小球。"

"蒸汽可以使小球转起来，这太有趣儿了。"小瓦特拍着手叫道。接着，他好奇地问妈妈：

"这儿没说蒸汽是怎样来推小球的？"妈妈看了看，摇摇头。

瓦特说："我一定要把蒸汽怎样推动小球弄个明白。"

说着，他一阵风似的又跑回书房仔细研究起来。据说，后来，他照样做了一个模型，果然推动了小球。

还有一次，瓦特听了妈妈讲的牛顿做风车的故事后，可佩服牛顿了。他对妈妈说："我也要向牛顿学习，以后当个科学家。"

不看书的时候，他总是拿个锤子东敲敲，西钉钉。

有一回，他想做一只船，可找不到材料。突然，他看见爸爸心爱的工具箱，于是就找来一些小木棍和小木板，他用箱子做船身，把木棍钉在船中央，并小心地缝制了一片白布当帆。船做好了。他叫妈妈来看。妈妈看见了直夸他做得好。

爸爸回来了，看见自己心爱的工具箱变成了一只船，真是哭笑不得。小瓦特生怕爸爸骂他，直往妈妈身后躲。

爸爸一把抱起他，说："你做得真棒，爸爸不会怪你的。"

瓦特越大，问题也就越多了。一天，爸爸、妈妈带他到祖母家做客。祖母见到他们十分高兴。立刻为他们烧水、拿水果，忙个不停。一会大人们都去说话了，瓦特独自一人来到厨房，他坐在炉子旁的箱子上，眼睛紧盯着水壶。一会儿，水慢慢地开了，壶盖被水蒸气掀得"啪啪"直响，不停地往上跳动。他站起来凑近水壶仔细地看着跳动的壶盖。不知看了多久，整个厨房里弥漫着水汽，像冬天的浓雾一样。

这时，祖母突然想起她烧的开水，匆匆忙忙赶到厨房来。她看见水汽中的瓦特一动不动地站在那儿,以为出了什么事,立刻大声喊道:"瓦特,你在干什么?"瓦特回过神来,笑着说:"我在看水壶呢?""唉呀,你这傻孩子。水壶有什么好看的。"祖母爱怜地批评道,"你看,水都烧去了一大半,满屋子水汽。水开了,你怎么不叫我呢?"

瓦特却拉住祖母的手问道:"奶奶,壶盖为什么会跳动呢?"祖母一听这个问题,心想:这孩子可真有点傻,这点道理也不明白。于是,有些生气地说:"水开了,壶盖当然要跳动了?"瓦特觉得祖母没有说清楚,又接着问:"为什么水开了壶盖就会跳动呢?是什么东西在推动它呢?"

"这这……"祖母给问住了,回答不上来,她只好说:"我看你这个小家伙,一天到晚净问些奇怪的问题,你自己去想吧,反正我不知道。"瓦特叹声气说:"那好吧,我自己来想。"

回家后,瓦特便开始寻找壶盖跳动的原因。一连几天,他都坐在炉子旁仔细观察。在水快开的时候,他赶紧打开壶盖,看见一串串水泡从水底直往上冒,到了水面立刻破裂成水蒸气,跑出水壶。如果盖上壶盖,水蒸气要跑出来就只有掀开壶盖才行。

"哦,我明白了,是水蒸气在推动壶盖。水蒸气真是个大力士,这么重的壶盖,它也能掀起来。要是用一个大锅来烧水,产生的蒸汽肯定能推动很重的东西。

瓦特把自己这几天观察到的和想到的告诉了妈妈,妈妈直夸他是个会观察,爱动脑筋的孩子。

道尔顿

公元 1766 年 9 月 6 日，道尔顿出生在英国坎伯兰郡鹰场村的一个贵格教派的家庭里。他父亲约瑟夫·道尔顿是个忠厚老实的手工织布工人，也耕种小块土地；母亲黛博拉是个勤劳贤惠的家庭主妇。

道尔顿有兄妹 6 人，其中有 3 个由于饥饿和疾病很早就死去了。只留下他和弟弟乔纳森、妹妹玛丽。因为家里很穷。年幼的道尔顿只能一面帮助父亲干活，一面在乡村学校念书。

童年道尔顿不仅聪明好学，而且还有一股钻劲。在学校里，数学老师常常出一些比较难的题目，考学生的智力，许多同学在花了很长时间做不出时，总是去请教教师，道尔顿却很少那样做。他喜欢独自钻研。

12 岁那年，由于学校人手不够，仅具有小学水平的道尔顿就受聘做了该校的教师。

一个 12 岁的孩子当老师教学生，可以想象，他在学生中是毫无威信可言的。一些调皮的学生完不成作业，道尔顿在放学后就把他们关在教室里反省，可这些孩子非但不服气，而且还威胁道尔顿。

但是，过了不久，道尔顿以他真实的学问赢得了学生们的尊敬。他的知识很广泛，不仅懂数学、测量学，还懂航海学、天文学。

他常常用一些有趣的小实验来增加学生们的理解能力和兴趣爱好。学生们不得不对这位"小先生"刮目相看了。

然而,教书并没有使他的家庭摆脱贫困。1781年秋,15岁的道尔顿辞别了双亲,带上一把雨伞,背着简单的行装,翻山越岭来到了坎达尔城。那里的一所寄宿学校需要一位数学老师。

学校分给他一个房间,陈设虽然简朴,过惯贫困生活的道尔顿却已经相当满意了。最使他高兴的是,这所学校的图书馆里有丰富的藏书,道尔顿利用这个有利条件拼命读书,努力扩大自己的知识面。

早在鹰场村的时候,道尔顿就对气象观测很有兴趣,来到坎达尔以后,他利用上完课以后的时间继续进行气象研究。他把气压计挂在墙上,把雨量计安装在花园里,每天定时观测和记录。在坎达尔,道尔顿有幸认识了约翰·豪夫先生。约翰·豪夫在两岁时患天花双目失明。但是,他以惊人的毅力和顽强的意志进行学习和研究,他有非常广博的知识。道尔顿很敬佩他,常常和他在一起探讨科学问题,畅谈各自的见解。

道尔顿抓紧一切时间读书、学习,由于他的勤奋好学,他的知识更加渊博了,教学也取得了出色的成绩,因而赢得了学校师生和坎达尔市民的普遍尊敬。1785年,刚满19岁的道尔顿成了这所学校的校长。

年轻的道尔顿好像有使不完的劲,他教书、测气象、搞科研,还常常撰写数学和哲学方面的文章,在一些杂志上发表,由于他的突出贡献,曾多次获得奖赏。道尔顿的名声已经越过赤坎伯兰郡的边界,传到远方的曼彻斯特。

1787年9月的一天,一个高个子男人从曼彻斯特来到坎达尔,找到了道尔顿的住所。他自己介绍说,曼彻斯特去年创办了一所新学校,他就是这个学院的教师,受学院院长之托,想来请道尔顿去这所学校讲课。

道尔顿经过认真考虑,答应了新学院的聘请。1个月后,道尔顿就到了学院,开讲自然哲学课,但他仍继续担任着坎达尔学校的校长职务。直到1793年,道尔顿才离开坎达尔,搬到曼彻斯特。

曼彻斯特是英国的一个大城市,工业和科学技术都比较发达,道尔顿除了在学院讲课之外。他更感兴趣的是进行科学研究。他根据自己多年进行气象研究取得的成果,写成了他的第一部科学著作《气象观察与研究》。

道尔顿既注意研究宏大的科学课题,也不放过日常生活的细小体验。一次,他买了双长袜作为礼物送给母亲,母亲非常高兴,但对儿子选择红色感到诧异。实际上,这双红色的袜子,道尔顿是当作深蓝色的袜子买来的。

道尔顿为此感到迷惑不解,他想起了一件事:

那一年,道尔顿与失学的小朋友一同到郊外玩,碰巧看见一队步伐整齐的士兵走过。这时,身边的一位小男孩忍不住说:

"多么鲜艳的红色军装,真帅!"

"什么?你怎么连颜色都分不清,明明是草绿色的军装嘛!"道尔顿马上指出同伴的错误。

可是,他的话却引来了小伙伴们忍俊不禁的笑声,窘迫的道尔顿莫名其妙。

如今这种情况又发生了,这里一定有问题!他决定详细研究一下这种奇怪的现象。他通过多方调查和研究。终于发现自己受遗传影响,患有一种先天性眼科疾病,这种病只是对某些颜色分辨不清,以致患者根本就不知道自己的眼睛不正常。

1794年秋,在文学哲学会上,道尔顿作了关于色盲的报告,并且在同一年出版了他的《关于各种颜色呈现程度的反常事例》这部科学著作。他的研究成果在社会上引起了广泛关注，为了表彰他的努力，英国还将他所发现的色盲症称作"道尔顿症"。

1797年，新学院搬往约克，道尔顿仍然留在曼彻斯特，他在一些有钱人家里做家庭教师，以维持生活。每天他的教课时间不超过两小时，主要精力和时间都用在科学研究上。

道尔顿进行气象研究，每天都要和空气打交道，因为晴天、阴天、刮风、下雨等气候现象都和空气有密切的关系。因此，他对气体的研究越来越感兴趣，他不仅研究气体的扩散问题，而且还测量气体的压力，寻找气体体积和温度的关系。

在道尔顿生活的那个时代，科学界人士差不多都承认物质是由叫做"原子"的最小微粒组成的。但是，原子究竟用什么才能形象地描绘，人们却就不清楚。道尔顿通过对气体的大量分析、研究，首先揭示了这个秘密。

1808年10月18日，在曼彻斯特的文学哲学会的报告会上，道尔顿第一次提出了原子学。虽然他的口才并不好，但是他阐述的崭新的科学理论，却深深地打动了听众的心，人们聚精会神地听着，不时报以热烈的掌声。原子学说揭示了物质内部构造和变化的秘密，使当时已发现的一些化学基本定律得到了统一的解释。因此，道尔顿的原子学说很快就得到了科学界的普遍承认和欢迎，这对推动科学的发展产生了重大和深远的影响。

罗蒙诺索夫

罗蒙诺索夫是 18 世纪俄国一位伟大的科学家。他出生在俄国北方阿尔汉格斯克村一户渔民的家里。

罗蒙诺索夫 8 岁的时候，妈妈送他到退职教堂执事尼基蒂奇家里去学习。尼基蒂奇对小罗蒙说：

"念书是走向知识的课堂，走向知识的道路可是一条很艰辛的路，是你自己要读书，还是你的妈妈逼你来的呢？"

小罗蒙很干脆地回答："是我自己要求读书的。"

尼基蒂奇听了很高兴，并说这个小罗蒙可不一般。可是上课没有多久，尼基蒂奇就病倒了。

在一个伸手不见五指的夜晚，罗蒙诺索夫敲响了舒勃纳家的门。他是村上首屈一指的文化人。舒勃纳打开了门，见是罗蒙诺索夫，就问他："是你的父亲叫你来的吗？"

小罗蒙很干脆地回答："不，是我自己来的。我要读书，叔叔，你就收下我吧！"

舒勃纳答应了这个孩子的请求。整个寒冷的冬天，罗蒙诺索夫每天很早起来，赶到舒勃纳的家里来学习文化，一点也不要爸爸妈妈操心。过了一段时间，待尼基蒂奇痊愈后，罗蒙诺索夫已经把识字课本全部学完了。

不幸的是仁慈的妈妈病故了。2 年以后，爸爸给他续了个后母。后母是个很凶狠毒辣的女人。小罗蒙诺索夫在家里总喜欢捧着书不停地看啊,念啊。后母看到他看书就气不打一处来,常常把他的书夺过来,往地上一摔,还凶狠地说:

"念什么书,书念得越多越笨,你给我滚出去!"

罗蒙诺索夫只好离开温暖的屋子,钻进寒冷的旧板房里,在那个寒冷如冰的屋子里如饥似渴地看书,整个人沉浸在知识的海洋里。狠毒可恶的继母视罗蒙诺索夫如眼中钉、肉中刺。于是她想出一个办法,让他的父亲带着他出海去。父亲万般无奈,只好让10岁的小罗蒙诺索夫跟着出海捕鱼。

有一天,罗蒙诺索夫一边烧鱼汤一边看书,一边思索着书中的问题,完全忘记自己在烧鱼汤了。结果烧鱼汤变成烤鱼干了!父亲也无可奈何。父子俩就吃鱼干吧。

出海3天以后,船驶入了汹涌澎湃的大海。忽然刮起了飓风,巨浪铺天盖地席卷而来,眼看着就要翻船。罗蒙诺索夫迅速地脱去胶鞋,像猴子一样爬上桅杆,拴住吹掉的帆篷,帆船得救了!父亲眼看着小罗蒙诺索夫的机智勇敢救助保护了帆船,感动得流下了热泪。他对儿子说:"孩子,你可立了大功了,奖你一件鹿皮上衣吧!怎么样?"懂事的小罗蒙诺索夫说:"爸爸,我什么也不要,我就要一本书!"

爸爸听了高兴地问:"你要一本什么书呢?"

罗蒙诺索夫回答说:"一本什么知识都有的书。它能告诉我为什么星星不会掉下来,为什么黑夜过去是黎明……"没想到爸爸却说:"小傻瓜,别说世界上没有这样的书,就是有,我也不会买。你的当务之急是要抓紧时间把我的本事学到手!"

有一天,罗蒙诺索夫看见达尼洛夫家有一本著名的数学家写的书——《数学》,看了爱不释手。达尼洛夫看他喜欢就对他说:

"你要是有胆量到墓地去过一夜,这本书就给你了。"罗蒙诺索夫为了那本心爱的《数学》,真的大着胆子在墓地里睡了一夜。漆黑的夜里,他仰望满天的星星,数也数不清,看也看不到边,真是苍天无边啊! 一夜很快就过去了,罗蒙诺索夫终于如愿以偿,得到了那本宝贝似的《数学》。他用颤抖的手捧着它,把它揣进了怀里,还激动得吟诵了一首诗。

在一个风雪交加的夜晚,罗蒙诺索夫的家里来了一位从莫斯科来的客人。因为车夫迷了路,他要求借住一夜。罗蒙诺索夫问那莫斯科来的客人:"你有书吗?"

那客人说:"有,我在莫斯科的一所学校里教书,那里有好多的书。"

罗蒙诺索夫说:"你把莫斯科所有的学校都给我画在纸上,行吗?"

客人说:"好,我给你画!"

罗蒙诺索夫看完后对爸爸说:"爸爸,让我到莫斯科去吧!"

爸爸说:"你疯了吧,我只有你一个儿子。你敢胡来,看我不狠狠地揍你!"

就在当天的夜里,罗蒙诺索夫向邻居借了3个卢布,偷偷地离开了家,长途跋涉,去莫斯科寻找学校,寻求知识,探索大自然的奥秘去了……

罗蒙诺索夫终于进入了莫斯科的一所学校,并以优异的成绩被派往德国留学。回国后,他更刻苦钻研,发现了物质不灭定律,还在电学、光学、气象、天文学等领域做出了重大的贡献。

罗蒙诺索夫博学多才,还是俄国著名的学者、诗人。他被人称为"俄罗斯科学之父",成为科学史上永远值得纪念的人。

弗莱明

弗莱明出生在离艾尔市不远的一个农舍里。7岁时他父亲病逝,从此便跟同父异母的哥哥一起生活。他天生伶俐,办事细心,大哥很喜欢他。弗莱明每天徒步走到4英里外的一个叫达尔维尔的小镇去上学。后来又离家到12英里外的格里诺克上中学。这所学校对学生管教很严,但经常发生经费短缺的问题,有时甚至不得不停办。弗莱明在基础教育阶段主要靠自己刻苦努力。

他自幼好学,酷爱大自然,在这样的生活环境中,他开始观察自然的种种现象。他喜欢思索,对新鲜事物非常敏感,每每向大人们提出这样那样的问题,弄得大人们也难以回答。一次,他跟母亲到医院去控望一位病人,这是他们的一个亲戚。起初,他问亲戚得的是什么病,怎么得的……病人说不出所以然来。后来他又问医生,医生也回答不出真正的病因,只得说:"孩子,没有详细研究的病症还多着呢,哪能样样病都知道啊!"弗莱明一直记着医生的这句话。

弗莱明考试被录取,并获得奖学金,进入了伦敦大学圣玛丽医学院。他记着小时候那位医生的话,决心探究细菌致病的奥秘。他在学习中,刻苦努力,深受老师的赞赏。1908年,他获得医学学士和理学学士学位,毕业时获得伦敦大学的金质奖章。1909年,他又通过考试,成为英国皇家外科学会的会员。从1906年起,他就受教于英国著名传染病理学家和抗菌治疗学家赖特。弗莱明跟随赖特从事疫苗治疗和预防传染病的研究。在这期间,他对细菌的活动有了深入的认识,并很快开始研究杀菌和防腐的方法。他一直坚持实践赖特关于通过接种疫苗防止细菌传染的免疫学说。探究细菌引起疾病的奥秘,并投身于抗生素的研究。1919年,他回到了圣玛丽医学院,重新从事他的研究。

此后的10年是弗莱明的工作最有成效的时期。他在圣玛丽医学院当细菌学讲师,除了讲课以外,他的大部分时间是在化验室里度过的。他不懈地探索着细菌的生活史,探求消灭病菌的方法,研制杀死这些凶恶病菌的药物。他认为,在治疗上,理想的抗菌剂应该是既能抑制入侵细菌的生长,又不影响宿主的组织。他通过长时间细致的观察,发现了两种特别重要的抗菌物质。

1921年,当他洗刷被污染的培养皿时,观察到一种淡黄色的可溶解菌落的黏液。根据赖特的建议,这种溶菌菌剂被命名为"溶菌酶",这种易被感染的微生物,被命名为"可溶细球菌属"。

1928年夏季,一天,弗莱明正准备用显微镜观察培养皿里的葡萄球菌,突然,他的目光落在一只被污染了的培养皿上。细心的弗莱明发现培养皿上有一种来自空气中的绿色霉菌,并已开始繁殖。最使他奇怪的是,在绿色霉菌周围,所有原来生长的葡萄球菌全部消失了。弗莱明把这一奇怪的现象详细记录下来。

弗莱明把这种绿色霉菌称作青霉菌。他从青霉菌杀死凶恶的葡萄球菌这一事实出发,推断因青霉菌分泌了一种非常强烈的杀菌物质,正是这种可扩散的物质,杀死了周围的葡萄球菌。

阿基米德

"给我一个支点,我可以撬动整个地球!"

发出这番惊天动地的豪言壮语的,不是天神,也不是人间的大力士,而是文弱的科学家,他的名字叫阿基米德。

公元前 287 年,阿基米德诞生于叙拉古城。阿基米德刚一出世,他家就在大门口插上一根橄榄枝,意思是向全城人宣布,天文数学家菲狄阿斯有儿子了。阿基米德出世后 10 天,是他的命名日。菲狄阿斯为此举行宴会,亲戚、朋友都参加了。菲狄阿斯郑重其事地宣布儿子叫"阿基米德"。阿基米德是大思想家的意思。

阿基米德从小就非常喜欢数学,他的好朋友柯伦也是一个数学迷,他们经常在一起画几何图形,推导公式,进行演算,他们还喜欢设计一些机械图形。

这样就需要大量的纸,可是当时还没有发明造纸术,人们便用羊皮和莎草纸代纸,既昂贵又不方便使用。

柯伦经常抱怨说:"天啦,上哪儿去找纸啊!"

阿基米德想了想,找来一根小树枝对柯伦说:"喏,把地当纸吧!"

柯伦用小树枝在地上划了几下,又发牢骚说:"地太硬,写上的字,看不清。"

阿基米德又从炉子里铲来炉灰,均匀地铺在地上,在上面写起来,他高兴地对柯伦说:"怎么样,清楚多了吧!"

阿基米德有到海边独自散步的习惯，他一边散步，一边海阔天空地思考问题。

有一次，柯伦见阿基米德洗完澡出来，一边走，一边用手指在身上画着。原来那时洗完澡后，身上要涂一层香膏，用手指一画就会出现指痕。阿基米德正在身上演算数学，求证几何呢。

每天吃过晚饭，阿基米德喜欢到海边散步，借此回忆一天看过的图书，思考没有找到答案的问题。有一天，阿基米德正在海边的沙滩上漫步，忽然想起一道数学题，他顺手捡起了一个小贝壳，在沙滩上演算起来，一直演算到天黑了才回学校。

第二天，阿基米德一见到好朋友柯伦，就立刻拉着他到了海边的沙滩上，高兴地说："喂!你看这里的沙滩，不正是我们最好的学习地方吗?"阿基米德说完，立刻在沙滩上画了好几个几何图形。柯伦也高兴得直叫好，并高喊："太好了，我们有了世界上最便宜的纸了!"从此以后，阿基米德与柯伦每天都要抽时间到海边沙滩演算数学公式和做习题。真是让人难以想象，阿基米德后来发现的许多几何学原理、物理学公式和定理就是从海边沙滩上演算得来的。

随着岁月推移和知识的增长，阿基米德开始把所学知识运用于实际，他解决了许多现实生活中的难题，成为古希腊闻名遐迩的大智者。当时在欧洲地中海的西西里岛上有一位国王，他拿出不少纯金，请一位金匠为他做了顶皇冠。皇冠金碧辉煌，十分精致。但有人怀疑，说皇冠不是纯金的，里面掺有别的金属。

国王龙颜大怒，要杀金匠，可金匠一口咬定是用纯金做的，而用秤去称，重量也跟原来纯金一样。国王找不出确凿证据，但又不甘心。怎么办?国王想起了大智者阿基米德，于是把阿基米德请来，让他来辨别。

阿基米德苦思冥想了很多时间,也是一筹莫展。有一天他实在是累了,就在浴盆里放了大半盆热水,准备洗个澡,提提精神。他一坐进浴盆,顿时觉得浑身舒畅,当身子全浸入水中时,水盆里的水哗哗地溢了出来。

他想,可能是今天放的水多了,于是身子不由自主站了起来,盆里的水又一下子浅了下去。这种原本司空见惯的现象让阿基米德觉得很奇怪,他又重新坐下去,水又溢了出来,就这样,他站起坐下,又站起坐下……

突然他眼睛一亮,"霍"地跳出浴盆,光着身子,奔到大街上,大声喊叫道:"我知道了!我知道了!"

街上行人见他一丝不挂,大喊大叫,以为他疯了。其实他是一时激动,忘了周围世界的存在。

阿基米德返回屋内,很快穿上衣服,直奔王宫。

在王宫,他让国王取出一块和皇冠一样重的金子,依次把金子和皇冠放在同样大小盛满水的罐子内,当水从罐子溢出时,用盆子把水接住,最后把两个盆子中的水一比较,发现溢出的水并不一样。

阿基米德让国王把金匠押来,把实验重做了一遍,然后说:"在科学面前,请你不要抵赖了。这块金子和皇冠一样重,如果皇冠是纯金的,两者的体积应该是一样,那么它们在水中排开的体积也应该相等,可现在皇冠所排出的水明显比金块多,这说明皇冠不是纯金的!"

在事实面前,金匠低下了头,承认在皇冠中渗了黄铜。

阿基米德所发现的浮力定律被人们称作"阿基米德定律"。今天在海上遨游的舰只,在水底游弋的潜艇,都是遵循这一定律而建造的。

欧　文

　　远古时代，人类的祖先就想掌握呼风唤雨的本领。刀耕火种的初民，在炎热的阳光下跪着祈祷，求老天降下甘霖；巫师耍尽花招，时而戴上面具手舞足蹈，时而向神灵祭献牛羊；美洲人在篱笆上挂起干瘪的蛇尸求雨；东方人跳龙舞；西方人做祈祷；但是都没有用。

　　1839年，有人在地面上燃起熊熊大火，以为烟雾能引来雨水。1890年，有人用大炮把炸药打入云中，让炸药在云中爆炸，试图制造降雨。1918年，有人用小火箭向空中施放一些制冷物质，企图人工造云降雨。但是，这些试验都失败了。

　　到了二战期间，人们已经普遍接受了瑞典气象学家贝右隆提出的"冰晶降水"理论，可是实验却一直没成功。人们认为，这是因为空气中缺少尘埃的微粒。

　　欧文·兰茂尔是设在纽约州斯克内克塔迪的通用电气公司的研究部副部长。当时，他和助手谢弗受命研究人工降雨的课题。他的研究室里保存有人工云，这种人工云就是充满在电冰箱里的水蒸气。兰茂尔一面降低冰箱里的温度，一面加进各种微粒进行实验。

　　1946年7月的一天上午，天气异常炎热。兰茂尔从一个朋友家吃饭回来就去检验制冷器中的人工云，一看里面的温度已在摄氏零度以上,心中很纳闷。经过检查,原来是实验装置出了故障,制冷器的温度降不下来。兰茂尔只好临时用干冰(固态的二氧化碳)来降温。当他刚把一块干冰放进冰箱里去,水蒸气立即变成了许多小冰粒在冰箱里盘旋飞舞,人工云变成了霏霏细雪。这一事实使兰茂尔明白了尘埃的微粒对降雨并非绝对必要,只要将温度降到零下40度,水蒸气就会变成雨雪降落下来。

他继而又想,既然在实验室中获得了成功,何不上天在云中试验呢?

11月的一天,他带了干冰,登上飞机,进入一片云层。他往空中撒下干冰,谢弗在地面观察。当他把干冰全部撒完后,谢弗看见了洁白的雪花从云中徐徐地飘落下来。谢弗很激动,他拥抱住刚回到地面的兰茂尔说:"你创造了奇迹。"

兰茂尔此时不禁想到了他少年时代碰到的一桩事。

一天,小兰茂尔正在野外玩耍,忽然看到一位老农民双手抱着头,痛苦地蹲在地上。他忙跑过去问:"爷爷,您头疼了吗?"

"唉,孩子,我是愁这片麦地啊!已经连着3个月滴雨未下了,全家老小今年又要挨饿了。"老人满脸的皱纹深深地刻进了小兰茂尔的心中。他对自己说:"总有一天,我要让老天为这位老爷爷下一场雨。"

30多年过去了。今天,他终于在天上撒下了第一片人工雪花。他心里真激动啊!他想,要是那位老人还活着,该有多好!从此,人们再也不用为干旱而发愁了。

后来,美国的化学家冯尼古特经过多次试验,终于找到了一种比干冰更为理想的、可用于人工降雨的物质——碘化银。

读 书 笔 记

_____年_____月_____日